*Biblioteca de visionarios,
heterodoxos y marginados*

Escritos condenados
por la Inquisición

© Editora Nacional, Madrid (España)
Depósito legal: M. 6.797-1976. - ISBN: 84-276-1310-5
Impreso en Ediciones Castilla, S. A. - Maestro Alonso, 21 - Madrid

ARNALDO DE VILANOVA

Escritos condenados por la Inquisición

Introducción, traducción y notas de
Elena Cánovas y Félix Piñero

EDITORA NACIONAL
San Agustín, 5
MADRID

Índice

Introducción General

Intentar mediante la traducción de algunas de sus
más representativas obras teológicas presentar, siquiera sea someramente, la figura de Arnaldo de Vilanova,
choca con no pocas dificultades. A la proteica variedad
de sus intereses científicos, en los que se aúnan lo teó-
rico y lo práctico, la especulación libre y los procedi-
mientos concretos, viene a sumarse su apasionado quehacer teológico y los abstrusos recovecos de sus in-
vestigaciones alquímicas. El ardor que caracteriza la
vida intelectual y religiosa de Arnaldo queda reflejado
por todas partes en sus escritos, siendo cada uno de
ellos —particularmente los teológicos— la historia de
un apasionamiento. Esta tan típica capacidad arnaldiana de polarizarse todo él en cada problema, junto a
la diversidad de temas que trata, ha hecho pensar a
algunos que en su pecho peleaba el alma de un científico aferrado a los datos con la de un visionario urgido
por sus figuraciones apocalípticas. Sólo les parece explicable el abismo que separa su obra científica de su
obra teológica a partir de una personalidad escindida
por no pocos rasgos paranoides. Pero tal vez lo que
une sea en Arnaldo más significativo que lo que separa.
Al igual que la bifronte efigie del dios Jano hunde su
vista en el pasado y en el futuro, vinculando la tradición al progreso, Arnaldo asume la tradición médica
anterior y es llevado, por la propia dinámica de su espíritu, más allá de los hechos, hacia una cosmovisión

apocalíptica. El abanico de sus intereses se despliega ante nosotros cargado siempre de humanidad, muy lejos de las disputaciones escolásticas al uso en su época, transidas de un logicismo y de un apriorismo que casaban mal con su espíritu vitalista y concreto. El movimiento intelectual de Arnaldo es radicalmente un interpretar, ya sea su objeto los hechos experimentalmente adquiridos por la observación de los enfermos o suministrados por la tradición médica autorizada, o bien las Sagradas Escrituras. Desde la plataforma de los datos, aceptados como tales tanto si se trata de hechos constatables como si afronta verdades reveladas, el proceso investigador de Arnaldo sigue unos cauces fundamentalmente exegéticos. Mas no por ello es un mero comentarista. En todos los órdenes, sus explicaciones crecen sobre sí mismas, configurándose como nuevos datos y abocando a conclusiones novedosas.

Una personalidad tan compleja y tan distante de nuestro mundo de ideas, en cuyos conceptos aparecen reelaboradas concepciones anteriores de médicos grecolatinos y árabes, no siempre acompañadas de un feliz hallazgo terminológico, y en la que la urgencia por comunicarse atormenta y embellece el estilo, requiere para ser captada de un modo históricamente válido el trabajo aunado de médicos, de teólogos, de historiadores y de filólogos. Ya hay mucho hecho, como señalamos en la bibliografía orientativa que cierra esta introducción, pero es más lo que queda por hacer. Hasta que no se resuelvan sobre bases sólidas, y no sobre meras impresiones dimanadas de una imagen prefijada y canonizante, los terribles problemas de autenticidad que envuelven la obra médica y alquímica de Arnaldo, una interpretación global de su figura y de su significación en la historia del pensamiento no pasará de ser un arriesgado —aunque tal vez legítimo— salto en el vacío. Nuestra intención, pues, en estas páginas introductorias no es otra que la de ofrecer al posible lector, junto a los datos históricos y biográficos imprescindibles para entender correctamente los escritos, una *impresión* razonada. La labor de acceder a una *interpretación* de conjunto de la obra arnaldiana requiere más análisis, y ante todo la publicación de los textos inéditos. Pero, con sólo haber descendido a la arena filológica, vemos tambalearse algunos tópicos recalcitrantes en la bibliografía al uso, alguno de los cuales remonta en esencia a la biografía que imaginó Champier. A la exposición de los datos biográficos que consideramos más sólidamente establecidos, sin entrar en demasiados distingos, seguirá una nota sobre nuestra traducción y una sucinta bibliografía comentada que oriente al lector.

Perfil biográfico de Arnaldo de Vilanova

Conquistar fue para Jaime I una nueva forma de reinar. Transcurridos los primeros años del monarca entre revueltas populares y sublevaciones de los nobles, su poder se afianzó con la conquista de Mallorca en 1229, destrozando el imperio de los piratas que asolaban las costas catalanas y tenían sus refugios en aquella isla. La popularidad que obtuvo con tan resonante éxito le movió a emprender en 1232, tomando como pretexto el destronamiento del rey moro por su rival Abenzeyán, la conquista de Valencia. La expansión del poderío catalanoaragonés culminó el 28 de septiembre de 1238 con la capitulación de los moros y la entrada de Jaime I en Valencia.

Un movimiento colonizador, secuela natural de cualquier invasión, creó una población adventicia, de raigambre catalana en su mayor parte, que coexistía con la población autóctona. Probablemente en ese ambiente y en torno a 1240 nace Arnaldo de Vilanova, pero no es posible afirmarlo con absoluta certeza. Otras dos ciudades, Barcelona y Montpellier, se citan en algunos contextos ambiguos como patria de Arnaldo, que residió en ambas.

Cursó estudios de humanidades en la Escuela de los Frailes Predicadores, de los que conservaría un grato recuerdo, empañado más tarde por sus polémicas teológicas. En esta época aprendió el árabe, aprovechando tal vez el notable sedimento de cultura musulmana que conservaba la ciudad, y llegando a ser un experto traductor, lo que le permitió el acceso directo a gran cantidad de textos médicos. Marcha a Montpellier y en 1260 obtiene el título de Maestro en Medicina, contrayendo poco después matrimonio con Inés de Blasi, de una conocida familia de comerciantes.

Algunas referencias contenidas en el *Breviarium practicae* hacen pensar que pasó una temporada en la flamante universidad de Nápoles, restaurada por Carlos de Anjou en 1266, siguiendo estudios con Giovanni de Casamicciola. A sus más recientes biógrafos parece absolutamente falsa esta hipótesis, siendo lo más probable que retornara a Valencia y ejerciera allí su profesión, puesto que precisamente en esa ciudad y en 1276 nace su hija María, único fruto de su matrimonio.

Su prestigio como médico va en aumento y en 1281, Pedro III, Conde de Barcelona y rey de Aragón y de Valencia, le contrata como médico de cámara con el tentador sueldo anual de 2.000 escudos. Arnaldo acepta la oferta, se traslada a Barcelona y comienza una nueva etapa de su vida, alcanzando notoriedad como traductor del árabe e intensificando sus estudios de lenguas, particularmente del hebreo bajo la dirección de Ramón Martí. Algunos ponen en duda, sin mucho fundamento, que supiera griego. En realidad, en las obras que se le atribuyen hay citas de autores griegos que no nos constan como traducidos al árabe en esas fechas, y, además, la versión del escrito hipocrático *De lege*, atribuida a Arnaldo en la *Articella*, parece por sus helenismos reposar sobre un original griego. Por otra parte, en el inventario de su biblioteca figuran cuatro códices griegos y están documentadas sus relaciones con centros monásticos de Monte Athos. Sus buenas relaciones con Pedro III duraron hasta su muerte, acaecida el 11 de noviembre de 1285, asistido en Villafranca del Panadés por el mismo Arnaldo, que figuró como testigo de su segundo testamento y al que cedió los derechos sobre el castillo de Ollers.

La estancia junto a Pedro III fue para Arnaldo de Vilanova una etapa de meditación y de estudio, lejos de la docencia y de las polémicas religiosas que absorberían luego su atención. En este clima debieron germinar en su espíritu las preocupaciones teológicas que cuajaron en un temprano escrito, de regreso ya a Valencia, sobre la creencia en los maleficios [1]. En 1289, Alfonso III, sucedor de Pedro el Grande en los territorios de la península, autorizó la permuta de los derechos de Arnaldo sobre el castillo de Ollers por rentas valencianas. Todos los documentos conservados de esta época evidencian su estancia en Valencia, donde ha profesado su hija en el convento de Santa María Magdalena, pero pronto [2] —en 1291— inicia su magisterio en la Escuela de Medicina de Montpellier, prolongándolo durante años con desigual intensidad.

Los aires universitarios exacerban sus preocupaciones religiosas y espolean su actividad científica. Allí escribe sus más notables tratados de Medicina, tanto teóricos como prácticos, disponiendo de una concentración y un recogimiento de los que carecería en ulteriores etapas de su ajetreada vida de médico de reyes y de papas. Destaca como comentarista de Galeno e Hipócrates, reflejando sus observaciones en escritos escolares que alcanzaron amplia difusión. En ellos es notable su independencia de juicio, apartándose del galenismo aceptado sin reflexionar y sin abrir los ojos a las realidades, y arremetiendo contra las interpretaciones de Averroes, tan inclinado a ver en Galen sus propias ideas. Emprende entonces obras sistemáticas que van definiendo su pensamiento como médico y ci-

---

[1] Editado por Diepgen en el *Archiv für Kulturgeschichte*, IX (Leipzig, 1912), págs. 385-403. Nueva edición, con modificaciones importantes, de Grmek, en las *Actas de la Academia Yugoslava de Ciencias y Artes*, XLVIII (Zagreb, 1958), págs. 217-229.

[2] Fecha conjetural. Louis Dulieu, «Arnaud de Villeneuve et la médicine de son temps», en *Montpellier Médicale*, LXIII, 1963, 1, págs. 30 y ss., cita un documento en los Archivos municipales de Montpellier, legajo núm. 188 del inventario de De Dainville, fol. 51, con fecha 16 de noviembre de 1293, en el que se habla de Arnaldo.

mentando su fama. Pero, interiormente, otras preocupaciones le ensimisman: se dedica a la exégesis bíblica según un método muy particular que recuerda en ciertos aspectos la cabalística judaica. Por sus escritos teológicos empieza a ser considerado entre los miembros más eminentes del movimiento espiritualista, en un ambiente estremecido por la publicación de la *Postilla in Apocalypsim*, de Olivi, notable escrito exegético que expone virulentamente la decadencia de la Iglesia y la venida del Reino del Espíritu, y cuyo eco fue tan universal y dio lugar a tales extravagancias que todavía Juan XXII, el 8 de febrero de 1326, hubo de condenarlo en consistorio público por herejía contra la Iglesia y contra la autoridad del papa. La corrupción del clero y, en general, de los círculos eclesiásticos provocaba, por reacción, una oleada de rigorismo contra la que en vano podían esgrimirse condenas obtusas. Cuando en 1282 el Capítulo General de la orden franciscana, celebrado en Estrasburgo, proscribía en un *Rotulus* treinta y cuatro tesis de Olivi, iniciaba la larga serie de condenas que, por motivos más o menos parecidos, culminaría en la Sentencia de la Inquisición de Tarragona contra varios escritos de Arnaldo de Vilanova (1316) [3].

Su estancia en Montpellier alterna con viajes circunstanciales. En 1293, requerido por Jaime II, va a Cataluña a prestar algunos servicios médicos, pero vuelve pronto a Montpellier. A partir de este momento, todos los documentos conservados relativos a sus bienes en Valencia están firmados por representantes suyos. Por el contrario, sabemos que adquiere una finca en Montpellier. Su actividad literaria se canaliza en las dos direcciones de sus intereses: por una parte, redacta obras médicas con marcado carácter de libros de texto, siguiendo el programa de la escuela; por otra parte, escribe opúsculos espirituales, que le acreditan como eminente seguidor de Joaquín de Fiore.

---

[3] Incluimos su traducción en este volumen.

Entre sus obras médicas de esta época destacan [4], además de sus ya citados comentarios a Hipócrates y Galeno:

a) El *Speculum medicinae*, libro introductorio que trata de superar las oscuridades de la fisiología galénica y del que es notable su reiterado llamamiento a abrir los ojos ante los hechos. Sin renunciar a las imprescindibles nociones teóricas, manifiesta una gran aversión a las elucubraciones filosóficas. Fue, naturalmente, muy apreciado y difundido en su época.

b) El *De intentione medicorum*, que reitera su aversión a teorizar, pues cree que determinadas concepciones, aun siendo exactas, no son operativas. Esta idea le movía a considerar como no-médica su obra *De humido radicali*, en la que especula sobre la esencia de la vida.

c) Su *De phlebothomia*, que expone entre finas observaciones la teoría y la práctica de la sangría terapéutica.

d) El tratadito *De gradibus*, sobre la acción proporcional de los fármacos compuestos, es un interesante intento de reducción a números del problema de la dosis. Muy importante para la historia de la farmacología, y un buen indicio de los conocimientos arnaldianos de la literatura alquímica.

e) Las *Parabolae medicationis*, difundidísimo escrito aforístico en el que se refleja su buen sentido clínico. Está salpicado de observaciones morales y religiosas.

Entre las obras religiosas del período montepesulano, antes de su viaje a París en 1299, destacan cuatro escritos:

---

[4] Todos estos tratados se encuentran en la edición de Taurello, Basilea, 1585. Utilizamos el ejemplar de la Bibl. Nac. de Madrid, sign. R/33781.

a) La *Introductio in librum Ioachim de semine scripturarum*[5]. Se trata de un comentario a una obra de Joaquín de Fiore. Presenta muchos puntos de contacto con la paráfrasis de Olivi y, como es natural, con la *Expositio in Apocalypsim*[6] del propio Joaquín. Este escrito, uno de los más tempranos de Arnaldo[7], abunda en disquisiciones gramaticales. En efecto, hay que explicar el modo de hablar de Dios, que es el sumo gramático, y, como dirá en su *Comentario al Apocalipsis*, «ningún gramático conoce mejor, para expresar rectamente sus conceptos, los modos adecuados de hablar»[8]. Pero en seguida se separa de la literalidad de los textos y presenta curiosas combinaciones astrológicas en apoyo de sus tesis.

b) La *Allocutio super significatione nominis Tetragrammaton*[9], que intenta una aproximación al misterio trinitario. Sus ideas sobre lo que es interpretar un texto resultan sorprendentes. Concede gran importancia a las palabras conservadas en otra lengua, y deja vagar libremente su imaginación sobre ellas. Las conexiones que establece, por ejemplo, entre las tres personas divinas y los tres principales estados de vida, a saber:

PADRE .... Estado matrimonial
HIJO .... Clérigos seculares
ESP. SANTO ... Clérigos regulares

---

[5] Ed. de Raoul Manselli, *La religiosità d'Arnaldo de Villanova* (= *Bulletino dell'Instituto storico italiano per il medioevo e Archivio muratoriano*, LXIII (Roma, 1951), páginas 43-59). El mismo autor ha publicado un libro fundamental para la comprensión del profetismo apocalíptico con el título *Ricerche sull'escatologismo medievale*. Roma, 1955.
[6] Venecia, 1527. Muchos dudan de la paternidad joaquinita de esta obra.
[7] Finke, *Aus den Tagen Bonifaz VIII*. Münster, 1902, página CXXVII lo fecha, con buenas razones, en 1292.
[8] Ed. Carreras i Artau, Barcelona, 1971, pág. 15.
[9] Ed. Carreras i Artau, en *Sefarad*, 7 (1947), págs. 75-105.

son pintorescas. Su antisemitismo resulta también curioso [10].

c) El *Dialogus de elementis catholicae fidei* [11], escrito en 1297 para los hijos de Jaime II, a cuya esposa atendió en Barcelona durante su segundo embarazo. La magia de las recónditas relaciones numéricas, rasgo típico de los escritos cabalísticos que tanta influencia tuvieron en la formación de Arnaldo y en esta primera etapa de su producción teológica, conduce aquí a una estructura de la obra en catorce apartados:

> *Quare vocantur quatuordecim articuli fidei? Quia sicut in una manu sunt quatuordecim articuli ad sensum distincti, sic in una fide catholica quatuordecim credenda principaliter ponuntur.*

La importancia de este opúsculo para la historia de los catecismos fue ya señalada por su editor. Pese a su carácter elemental posee muchos rasgos espirituales típicos de la mentalidad de Arnaldo, no como el *De prudentia catholicorum scolarium* [12], que es una mera exhortación a la sabiduría.

d) El *De tempore adventus Antichristi* [13], difundido también en 1297, es la obra que más sinsabores acarreó a Arnaldo. Los tratados sobre el Anticristo gozaron en el medievo [14] de gran difusión, sobre todo el *De ortu,*

---

[10] Vd. el estudio d: Carreras i Artau, «Arnaldo de Vilanova, apologista antijudaico», en *Sefarad*, 7 (1947), páginas 49-61.

[11] Editó extensos fragmentos Burger en sus *Römische Beiträge zur Geschichte der Katechese im Mittelalter*, publicados en *Röm. Quartalschrift*, 1907, fasc. IV.

[12] Vd. Finke, *op. cit.*, pág. CXIX, y P. Diepgen, *Arnald von Villanova als Politiker und Laientheologe*. Berlin und Leipzig, 1909, pág. 16.

[13] Está aún inédito, en el *Vat. Lat.*, 3.824, fols. 50 y ss. Cf. Finke, *op. cit.*, pág. CXXIX.

[14] De época patrística sólo conocemos, a principios del siglo III, el de Hipólito. Para la época medieval sigue sien-

vita et moribus Antichristi, del abad Adson (muerto en
el año 992) [15], y, unos siglos después, los de Guillermo
del Santo Amor ,Hugo de Newcastle y Juan Quidort,
hasta culminar en el magno *De Antichristo libri unde-
cim,* de Malvenda [16]. La novedad de la obra de Arnaldo
estriba en su reiterada insistencia en identificar los
signos bíblicos del Anticristo con la realidad eclesiástica de su tiempo, corrompida por esa peste del enemigo que llaman «teología». Redactado en un tono profético de visionario, carente por completo de rigor, entregado a cálculos ilusorios —fija la llegada del Anticristo para el año 1378—, es un indicio decisivo de la
religiosidad de Arnaldo, en la que priman sus imagi-
naciones y sus vivencias.

En esta primera fase, el pensamiento teológico de
Arnaldo no presenta aún el marcado anticlericalismo
de ulteriores escritos. Sólo un acontecimiento inespe-
rado radicalizaría su postura. Enviado en 1299 por Jaime II ante Felipe el Hermoso, seguramente con la misión de aclarar algunos puntos en litigio para la adju-
dicación del Val d'Aran [17], es encarcelado acusado por
algunos teólogos de haber escrito, en su tratado sobre
el Anticristo, cosas contra la fe y el evangelio. Liberado
al día siguiente, el 19 de diciembre de 1299, por mediación de amigos influyentes que pagaron una cuantiosa
multa, inició Arnaldo una ofensiva formal contra los
teólogos de la Sorbona. Comenzó por escribir una vio-

do básico el estudio de H. Preuss, *Die Vorstellungen vom
Antichrist im späteren Mittelalter.* Leipzig, 1906. Para este
mundo de ideas, vd. también E. Bernheim, *Mittelalterliche
Zeitanschauungen in ihrem Einfluss auf Politik und Ges-
chichtschreibung.* Tübingen, 1918, I, especialmente, páginas 70 y ss.
[15] Editado en Migne, *PL.,* CI, col. 1289-1298, y falsamente
atribuido a Rabano Mauro.
[16] Roma, 1604. Hay una segunda edición, mejorada, de
Valencia, 1611.
[17] Vd. Finke, *Acta Aragonensia,* I, 452. Para el aspecto histórico de la querella del Val d'Aran, que había de durar
varios años, cf. Boutaric, *La France sous Philippe le Bel,*
París, 1861.

lenta protesta que presentó a Felipe el Hermoso, que-
jándose del agravio sufrido y atacando directamente el
procedimiento seguido contra él [18]. Añade que sus escritos, remitidos el año anterior a varios tribunales
de expertos, habían sido calificados, por algunas afirmaciones, de temerarios, pero nunca de erróneos o
heréticos. Ve la persecución a que es sometida su obra
como un signo más del Anticristo, cuyos ministros son
los teólogos ignorantes que no saben distinguir a los
verdaderos de los falsos profetas. En realidad, nada
podía haber más chocante para un teólogo escolástico
que ese tratado sobre el Anticristo, en el cual se ex-
hiben con pareja autoridad Daniel, pasajes de San
Agustín fuera de contexto, y las profecías de la Sibila
de Eritrea; pero también es verdad que la forma de
apresar a Arnaldo fue, como él mismo dice, *traicio-
nera* y, tratándose de un enviado diplomático, verdaderamente improcedente. Pero este detalle nos da la
medida del odio que había despertado su obra. Mas no
pararía ahí la cosa. Cuando al verano siguiente vuelve
a París, también con una misión política, la de apoyar
a don Alfonso de la Cerda, lee en el Palacio Episcopal,
el 12 de octubre, una defensa contra las acusaciones que
le hacían y contra la condena sufrida, decidiéndose a
recurrir por ello a la Sede Apostólica.

Empieza con éste una larga serie de pleitos por
motivos religiosos. Arnaldo esgrime ante las autoridades
eclesiásticas, casi siempre, cuestiones de procedimiento
o de competencia. Todos sus escritos de este estilo de-
muestran cierta habilidad para insistir, no en lo erróneo de las acusaciones, sino en los puntos en que la
conducta de sus adversarios es más vulnerable. En
mayo de 1301 llegó Arnaldo a la Corte Pontificia. Bonifacio VIII le recrimina ásperamente por meterse en
discusiones teológicas, dando por zanjado el incidente
parisino, vuelto por Arnaldo contra los teólogos de la
Sorbona que, sin comunicarlo y apelar —como era su
obligación— a la Sede Apostólica, se habían atrevido,

---

[18] Ed. por Menéndez Pelayo, *Heterodoxos*, I, 739.

sin ser oficialmente competentes para ello, a dictar una
condena. Pero los doctores parisinos se le habían anti-
cipado remitiendo al Pontífice un fragmento del tratado sobre el Anticristo. Pese a las protestas de Arnaldo
por el estudio parcial que se había hecho de su obra,
Bonifacio VIII encontrará para callarle un fuerte argumento: el único punto en el que ha faltado es en no
habérselo remitido a él antes que a nadie. Era una buena solución para echar tierra al asunto, mas no habían
de quedar así las cosas. Los cólicos renales del Pontífice, curados por Arnaldo dos meses más tarde mediante un procedimiento secreto, hacen que Bonifacio VIII
cobre una verdadera predilección por el médico. En realidad el procedimiento de Arnaldo se basaba en reglas
naturales, en tratamientos científicos, como se ve en
su escrito *Contra Calculum,* pero no desaprovechó la
ocasión de aparecer como un iniciado en poderes ocultos. Fabricó un broche con la imagen de un león en el
centro y recomendó al Pontífice que lo llevara bajo el
cinturón [19]. La rápida mejoría experimentada aumenta
su fama como médico, pero las manifestaciones del
Pontífice nunca fueron oficiales, tal vez porque en la
curia nadie veía a Arnaldo con buenos ojos. Sirvieron
no obstante para inflamar la imaginación de nuestro
autor que, durante su estancia de más de un año en
la corte de Bonifacio XIII, procede como un verdadero
visionario. Nombrado médico del papa, aprovecha su
privilegiada posición para fines políticos, creciendo más
aún en la consideración de Jaime II, pero sus preocupaciones teológicas le hacen enfermar de los nervios.
G. de Alabato [20], en una carta a Jaime II, le dice que
Arnaldo padece fuertes cefaleas a causa de una insola-
ción. En ese estado de ánimo escribe melancólicas profecías, augurando males, y redacta el *De cymbalis
ecclesiae,* en donde se presenta como profeta enviado
por Dios para la reforma del corrompido mundo ecle-

---

[19] Sobre la fabricación de este broche, vd. la minuciosa
descripción de Arnaldo en el *De sigillis,* editado en sus
Opera omnia, Basilea, 1585, col. 2037-2042.
[20] Documento ed. por Finke, *op. cit.,* pág. LVI.

siástico. Poco después compone su *Philosophia catholica*, que remite a Bonifacio VIII. En ambos escritos[21] se perfilan ya netamente sus pretensiones reformistas, mostrando un decidido anticlericalismo. La violencia de sus convicciones crece con el autoconvencimiento de ser portador de una misión profética. Sus alucinaciones se hacen más operativas. Llega incluso a contagiar de ellas al propio Pontífice, que exclamó admirado, ante algunos cardenales: *Iste homo maior clericus mundi est et hoc fatemur. Et adhuc per nos non cognoscitur.* Sus tendencias escatológicas se extreman. La inminencia del fin del mundo le urge a difundir sus ideas. Con permiso del Pontífice envía sus obras a importantes prelados y monasterios, a los reyes de Francia y Aragón, etc. El tono usado contra los teólogos («Quedará vacío el nido del marchito Aristóteles, porque el horrible graznar de sus crías atenta contra la verdad, burlándose de sus ministros») no tardará en obtener un eco polémico.

En la primavera de 1302 abandona Arnaldo la curia. Menéndez Pelayo editó[22] dos documentos, de fecha 8 de abril de 1302, en los que se conceden a Arnaldo distintos privilegios, tal vez como agradecimiento de Jaime II por los servicios políticos que había prestado en la corte de Bonifacio VIII, además de mil sueldos jacenses por haber atendido a doña Blanca en su embarazo. Pero a su regreso a España no todo había de ser halagador para nuestro médico. Los escándalos que había protagonizado y la actitud de base que mostraba ante la teología, habían despertado gran animosidad contra él en los círculos eclesiásticos. Sin embargo, Arnaldo se crece, y desarrolla en dos escritos casi seguidos la idea que le atormenta: es urgente reformar la Iglesia, engañada por el diablo que se ha apoderado de sus miembros manteniendo sólo la apariencia de bien sobre una corrupción general. El inminente fin del mundo, para cuyo anuncio se siente enviado por Dios, le impele

---

[21] Incluidos en el *Vat. Lat.*, 3.824.
[22] *Heterodoxos*, I, págs. 770 y 771.

a fustigar con gran acritud los estamentos eclesiásticos.

En su *Philosophia catholica et divina tradens artem annichilandi versutias maximi Antichristi et omnium membrorum ipsius*[23], enviada al papa y al Sacro Colegio con sendas cartas fechadas en Niza el 29 de agosto de 1302, aborda un tema que dio mucho que hablar en la corte de Aragón[24]: la pobreza como medio de luchar contra el Anticristo. El influjo de los espirituales franciscanos es aquí muy sensible. En este momento surge para el biógrafo de Arnaldo un interrogante de difícil solución: ¿cómo un científico de su talla pudo integrarse en el movimiento espiritualista, tan abiertamente contrario a las ciencias, especialmente las profanas? Se operó probablemente en él una reestructuración. Parece como si la global aceptación de las doctrinas de los espirituales, cuyo eje es la efectiva práctica de la pobreza a imitación de San Francisco, le permitiese matizar su hostilidad hacia la ciencia de un modo curioso. La ciencia verdaderamente dañina es, para Arnaldo, la teología. Las demás ciencias no son propias de un clérigo y habitualmente separan a sus cultivadores de la verdad evangélica, por lo cual tampoco son recomendables indiscriminadamente. En general, son peores las ciencias especulativas, fuente de soberbia, que las ciencias operativas, que resuelven problemas y necesidades de los siervos de Dios. Pero lo que más le conecta con los espirituales no es su ideología, pues en los escritos de Arnaldo el tema de la pobreza no alcanza nunca la profundidad conceptual que muestra la *Expositio regulae fratrum minorum*[25], de Angelo Clareno, ni llega a los tonos místicos de Olivi en su *Trac-*

---

[23] En el códice *Vat. Lat.*, 3.824, fol. 116 ss. Finke, *op. cit.*, pág. CXX, editó unos extractos muy significativos.
[24] Buen estudio de Mercedes van Heuckelum, *Spiritualistische Strömungen an den Höfen von Aragon und Anjou während der Höhe des Armutsstreites*. Berlin und Leipzig, 1912. En general, vd. K. Balthasar, *Geschichte des Armutstreites im Franziskanerorden bis zum Konzil von Vienne (1311)*. Münster, 1911.
[25] Ed. de L. Oliger, Quaracchi, 1912.
[26] Cf. *Acta O. F. M.*, XIV, 1895, págs. 139 y ss.

tatus de paupere rerum usu[26], y está siempre lejos de los fogosos alegatos de Ubertino de Casale en su *Iesus falsificatus*[27]. Lo que le vincula al movimiento de los espirituales es precisamente la persecución de que eran objeto por parte de ciertas autoridades eclesiásticas, y que tan plástica y dramáticamente narraba Clareno en su *Historia septem tribulationum Ordinis Minorum*[28]. La oposición entre el profetismo apocalíptico, de urgencias reformistas, y las estructuras eclesiásticas, refugio de espíritus mezquinos, inclinó a Arnaldo a adherirse al movimiento espiritualista, más por una actitud práctica que por una convergencia de ideas.

Ese declarado pragmatismo es también perceptible en su otro escrito importante de este año 1302: la *Apologia de versutiis atque perversitatibus pseudotheologorum et religiosorum ad magistrum Iacobum Albi canonicum Dignensem*[29]. Opúsculo de sencilla estructura, va describiendo ordenadamente los siete indicios que permiten reconocer a los falsos teólogos y religiosos. Arnaldo en alguna ocasión se refiere a esta obra llamándola *Libro de los siete espiritus malignos*. Muchas de sus afirmaciones conceden al demonio un poder excesivo sobre la Iglesia, a la que ha logrado engañar en sus principales ministros. Esta idea, subyacente a toda la obra, será explicitada unos años después en la *Lectio Narbonae*, cuya traducción incluimos en este volumen.

Las reacciones no se hicieron esperar y durante 1302 y 1303 estalla entre Arnaldo y los dominicos de Gerona

---

[27] Así titula el capítulo 8 del libro V de su fundamental *Arbor vitae crucifixae Jesu*. Venecia, 1485, págs. 224-234. En el mss. 809 de la Hofbibliothek de Viena figura un *Tractatus de altissima paupertate Christi et apostolorum eius et verorum apostolicorum*, atribuido a Ubertino, que está al parecer inédito. Cf. Fredegando Callaey, «Ubertino da Casale», en *Enciclopedia Cattolica* XII (1954), col. 661-663, con bibliografía.

[28] Hay editada una antigua versión italiana, cf. L. Malagoli, *Cronaca delle tribulazioni di Angelo Clareno*, Turín, 1930.

[29] En el segundo volumen incluimos la traducción de los fragmentos editados por Finke.

una violenta polémica[30]. Ridiculizadas sus obras en la predicación de algunos clérigos, que llevan muy a mal sus pinitos como teólogo aficionado, Arnaldo responde con el *Eulogium de notitia verorum et pseudoapostolorum,* al cual siguen tres *Denunciationes Gerundenses.* Sus puntualizaciones no suelen tocar argumentos de fondo, ciñéndose a cuestiones de procedimiento y a los puntos en que sus enemigos exageraban en sus ataques. No conservamos los textos de su adversario Bernardo de Puigcercós, pero de la confrotación entre ambos tenemos la impresión de que salió malparado, no tanto por falta de razón como por la habilidad arnaldiana de convertir en errores de procedimiento todo lo relativo a esta polémica[31]. La actitud de Arnaldo contra los teólogos se encona más y más, e insiste todavía con un nuevo y virulento panfleto: la *Confessio Ilerdensis de spurcitiis pseudoreligiosorum,* en la que enumera los defectos más notables de los clérigos regulares. En el fragmento editado por Finke[32], declara Arnaldo que procede «según la luz que me ha sido concedida por el Señor Jesucristo para información de la universal Iglesia de Dios». Este opúsculo fue leído en una asamblea presidida por el arzobispo de Tarragona, solemnidad que no influyó para que nuestro autor moderase un poco sus ínfulas de visionario. En este ambiente de declarada hostilidad permanece en España hasta 1303.

Su inveterado ardor contra los teólogos terminará por perturbar hasta su propia vida académica. No sabemos bien las razones, pero parece ser que hubo de dejar Montpellier, hostigado por sus enemigos, y refugiarse en Marsella, en casa de su sobrino Juan Blasi. Retirado de sus tareas docentes, polariza su actividad

---

[30] Traducimos en este volumen los cuatro documentos conservados, que fueron publicados por J. Carreras i Artau en los *Anales del Instituto de Estudios Gerundenses,* V, 1950, págs. 33 y ss.

[31] Para una más detallada interpretación, vd. *infra* nuestra introducción al *Eulogium.*

en la defensa de sus ideas, siempre con la virulenta acritud que le caracteriza. Conservamos [33] cinco escritos de este breve período, a cual más ofensivo: tres *Denunciationes* en el Palacio Episcopal, de las que hace levantar acta, contra el teólogo dominico Jofre Vigorós, que había escrito un tratado sin título contra Arnaldo, calificando sus argumentos de «ineptas afirmaciones que seducen a los ignorantes»; una *Carpinatio poetrie theologi deviantis* contra «quidam ex principibus sacerdotum» (se trata del mismo personaje), que había osado ridiculizar su tratado *Misterium cymbalorum*, y, finalmente, un violento opúsculo titulado *Gladius iugulans Thomatistas.*

La redacción de estos escritos se originó así: su amigo Iacobus Albi, canónigo de Digne (en Provenza), le informó de la existencia de la obra de Vigorós [34], y de que en algunas iglesias de la diócesis de Marsella se polemizaba contra sus ideas escatológicas. Acompañaba a su carta un elenco de las objeciones que esgrimían contra él los dominicos. Arnaldo, en los primeros meses de 1304, responde con el *Gladius,* refutando una por una todas las objeciones. El tono de su escrito muestra un desprecio infinito hacia el tomismo, al que alude con expresiones pintorescas que van desde «quidam exercitus bicolor» que hace «de Cristo un poeta y de Tomás un evangelista», hasta calificar como «delirios» el método seguido en las demostraciones tomistas. Su adversario pertenecía, en efecto, a la más estricta observancia del tomismo, como se deduce del hecho de que el Capítulo General celebrado en Milán en 1278 le enviase para vencer la reacción antitomista provocada por el

---

[32] Vd. *op. cit.,* pág. CXXII.
[33] En el *Vat. Lat.,* fol. 180 y ss.
[34] Contra el parecer de algunos de los biógrafos actuales de Arnaldo, parece probado que Vigorós no fue *provincial* de su orden en Provenza. Cf., en este sentido, su biografía por Ch. Douais, *Les frères Prêcheurs en Gascogne au XIIIme et au XIVme siècle* (= *Archives historiques de la Gascogne,* fascs. 7 y 8). París, 1885, págs. 442 y ss.; y, más recientemente, F. Ehrle, «Arnaldo de Vilanova ed i Thomatistae», en *Gregorianum,* 1920, págs. 475-501, particularmente pág. 485.

arzobispo dominico Roberto Kilwardby, quien había condenado algunas afirmaciones de Santo Tomás. Vigorós, acompañado de Raymundus de Meüillon, iba con total autoridad, como buen pedisecuo del «ídolo», para «castigar a los que encuentre culpables, echarles de la provincia y despojarles de todos los deberes y derechos eclesiásticos» [35]. Entre los dominicos de aquel entonces la consigna contra los detractores de Santo Tomás puede resumirse en el decreto del Capítulo General de 1279, celebrado en París:

> «... como no es en modo alguno tolerable que vayan hablando irreverente e indecentemente de él *(sc.* Santo Tomás) o de sus escritos, ni que se piense de otra forma que él, instamos a los priores provinciales y conventuales, a sus vicarios y a todos los visitadores para que no difieran el castigo violento de quienes vean que proceden así» [36].

En la tercera denuncia, enérgica y bien pensada, declara Arnaldo irónicamente que no cree que el autor del escrito, hasta entonces anónimo, fuese nada menos que Vigorós, ya que está plagado «no sólo de impertinencias y falsedades, sino incluso de contradicciones y errores» [37]. Esta es la más violenta y delicada polémica que sostuvo Arnaldo, y es lástima que permanezca aún inédita. Su publicación completa contribuiría positivamente al conocimiento de cómo se abrieron paso ciertas ideas filosóficas, no tanto por su excelencia interna cuanto por los mecanismos difusores (y represivos) que podemos adivinar a través de estos escritos.

Entretanto un penoso suceso aflige a la Iglesia universal. Tras el llamado «atentado de Anagni», muere ignominiosamente Bonifacio VIII el 11 de octubre de 1303, sucediéndole Benedicto XI. El 2 de junio de

---

[35] Cf. *Monumenta ord. fr. Praed. historica.* Ed. B. Reichert, t. III (Roma, 1898), pág. 199.

[36] *Ibidem*, pág. 204.

[37] *Vat. Lat.*, 3.824, fol. 202.

1304, desde Aviñón, escribe Arnaldo una tremenda carta al nuevo papa enviándole un programa de reformas [38] y criticando violentamente la actitud de su predecesor, que había cedido a las presiones de los teólogos y no había fomentado y favorecido, como hubiera sido deseable, la reforma de las estructuras eclesiásticas. Velada pero enérgicamente, atribuye el calamitoso final de Bonifacio VIII a su tolerancia para con los ministros del Anticristo, desoyendo los consejos de Arnaldo. La creciente autoconvicción de su carisma profético da a esta carta un tono peculiar, muy lejos de una súplica o de una exhortación. Tajante y sin hacer concesiones, el programa de reforma debe comenzar por el propio papa, que deberá intentar realizar rápida y ardorosamente cada uno de los puntos de la restauración. El carisma profético termina por impulsar a Arnaldo hacia la fabricación de una utopía, proceso frecuente en los visionarios. Pero otra desgracia le acarrearía nuevas persecuciones. Inesperadamente, el 7 de julio de 1304, víctima probablemente de una epidemia de disentería y tras quince días de enfermedad, muere Benedicto XI, estando bajos los cuidados médicos de Arnaldo. Los detractores de los espirituales franciscanos, que en vano atacaban a nuestro autor en vida del Pontífice, se pusieron a difundir acusaciones terribles contra ellos con motivo del súbito final del papa. Arnaldo había escrito a Bernardo Deliciós una carta dándole cuenta de la enfermedad de Benedicto XI y mostrándose muy pesimista sobre su evolución. Cuando Deliciós fue acusado de haber intentado envenenar al papa, inmediatamente se pensó en Arnaldo como cómplice cualificado. El sucio mundo de la curia, donde cada grupo intentaba alzarse con el poder, y en el que el rey de Francia —enemigo de Arnaldo— poseía una influencia increíble, convirtió la situación de nuestro médico cuanto menos en «delicada». Arnaldo, lejos de arredrarse por ello, en un am-

---

[38] Se conserva en el *Vat. Lat.*, 3.824, fol. 204v-214, y fue editada por Finke, *op. cit.*, págs. CLXXVII-CXCII, saltándose algunas digresiones poco significativas. Incluimos su traducción en el segundo volumen de esta obra.

biente plenamente hostil, presenta al Camarlengo pontificio, en pleno Cónclave de Perusa, el 18 de julio de 1304, una arrogante protesta porque los escritos que había sometido al juicio de la Santa Sede se encontraban retenidos, y se difundían falsedades sobre su contenido [39]. Por toda respuesta es arrestado y sólo gracias al rey de Aragón, que hace presión mediante algunos cardenales amigos suyos, vuelve a ser puesto en libertad.

No convicto de sus errores, se marcha de la Curia hacia Sicilia. Federico III le recibe cordialmente y se muestra partidario de las ideas reformistas de Arnaldo que, cual un Platón redivivo, encuentra en Trinacria un apoyo que potencia sus aspiraciones utópicas. El escrito que conservamos dirigido al rey con el título *Allocutio christiani* [40], lejos del tono polémico que ensombrece otras obras suyas, es una exhortación verdaderamente espiritual, con observaciones de elevado nivel teológico, siempre tirando hacia un espiritualismo declarado [41].

De vuelta a Montpellier, un pequeño paréntesis se abre. Torna a sus reflexiones médicas y escribe el sorprendente *Adversus me loquebantur* [42], donde defiende la dieta de los cartujos. En su argumentación se funden los razonamientos médicos con las citas bíblicas, produciendo una aleatoria impresión. Ya en la mente de su autor se ha operado un trastrueque de planos, lo racional se funde con lo revelado en un criterio uniforme de certeza. Nos parece ése el tratado más ilustrativo de lo que fue el proceso mental de nuestro autor en esta época. Por una integración natural de sus ten-

[39] Está contenida en el *Vat. Lat.*, 3.824, fol. 215-217. Ed. Finke, *op. cit.*, págs. CXCII-CXCVII. El tono sigue siendo muy altivo contra quienes «con malévolo espíritu fabrican calumnias».
[40] Cf. Finke, *op. cit.*, págs. CXCVII-CCI.
[41] Vd., por ejemplo, *Quicumque voluerit inflammari ad amandum Deum, diligenter in creaturis debet contemplari dignitates divinas...*, etc.
[42] Ed. en los *Opera Omnia*. Basilea, 1585, col. 1639-1644. Incluimos su traducción en el segundo volumen.

siones contrapuestas se ha reorganizado la cosmovisión
arnaldiana. Fe y ciencia se funden en una síntesis fe-
cunda. La dimensión estética salta a un primer plano
y se le ocurre redactar un comentario a la plegaria en
verso escrita por Jaime II, de la que resalta la metáfora
de la nave a punto de naufragar y se extiende en sus
ideas reformistas [43]. Parece como si lo irracional inva-

---

[43] El curioso texto de esta plegaria es el siguiente:

Mayre de Deu e fylha,
Verge humil e bela,
Nostra nau vos apela,
Que laydetz, quar perylha.
Perylhan vay en londa
Daquest mon per tempesta.
El nauchier nos na cura
E tant fortuna la onda,
Que nulls noy leva testa
E laura ques escura.
E sayso gayre dura,
Vostra nau es perduda,
Si per la vostraiuda
No troba port o ylha.
Nau, leyn,vexel o barcha,
Parlan en ver lenguatge,
Devem tuyt ben entendre,
Que signifiquet larcha,
On lumanal lynatge
Plac a Deus tot compendre,
Per complir et atendre
So, que ia promes era.
Que daquell restaurera
El cel manta seylha.
La nau es carregada
E de son port se lunha,
Quar trop greu vent la forsa
E es mal amarinada,
Tant que negu noy punha
Cossi la nau estorsa,
Ha con fort tresorsa
Que pels timons nos guia,
Ni fay la dreta via
Sol una pauca mylha.
Mayre, tum dona forsa
  Contra ma leugeria,
Em garda de la via
De peccat quens exylha.

diese la mente de Arnaldo, haciéndole conceder más
valor a sus escritos teológicos —de los que prepara
para el nuevo papa una colección que afortunadamente
conservamos en el *Vat. lat.* 3.824— y embarcándole en
una monumental *Expositio super Apocalypsim* [44], su más
extensa obra espiritual. Antes solía pensarse que era
un temprano escrito de juventud, pero su editor ha
demostrado, a partir de una indicación en el manuscrito, que se redactó entre 1305 y 1306. Su método exegético tiene algo de poético, de rebuscado efecto en el
lector. Es más la transmisión de una vivencia que la
exploración de un sentido. Para Arnaldo el único sentido que hay es el literal, y desciende a numerosas sutilezas gramaticales para poner de manifiesto que tal o
cual texto se refería, *en realidad*, en la intención del
Espíritu, a su propia época, sin duda la última del
mundo. El texto blíblico es seguido literalmente, sumi-
nistrando la opaca expresión del *Apocalipsis* un suges-
tivo punto de partida para sus intuiciones visionarias.
De tanto vivir en los interrogantes terminó nuestro
autor por no verlos, amaneciendo a un nuevo canon de
certeza y de evidencia, del que sólo esporádicamente
bajará ya.

Una de esas ocasiones se la proporcionó el dominico
catalán Martín de Atheca, hombre importante en cuanto confesor real, que dirigió contra el pensamiento es-
catológico de Arnaldo un tratado en el que le atacaba
frontalmente. El escrito de Martín aparecía registrado
en el segundo catálogo de la pontificia biblioteca boni-
faciana [45], pero su pista se pierde cuando en 1368 Ur-
bano V distribuyó entre las iglesias y los conventos de

---

[44] Ed. de Carreras i Artau, Barcelona, 1971.
[45] Vd. F. Ehrle, *Historia bibliothecae Romanorum Ponti-
ficum tum Bonifatianae tum Avenionensis*. Roma, I (1890),
33, núm. 68: «Item plures quaternos sive cartapellos, quo-
rum aliqui sunt scripti in cartis bambacinis et alii in pe-
cudinis, et sunt de diversiis materiis, inter quos est quidam
libellus parvus factus super responsionibus contra ponen-
tes certum tempus finis mundi, editus a fratre Martino
de Atheca ordinis Predicatorum, illustris regis Aragonum
confessore, et est totum ligatum simul.»

Roma los restos del antiguo tesoro bibliográfico [46]. Con
la rapidez acostumbrada arremete Arnaldo con un virulento *Antidotum contra venenum effusum per fratrem
Martinum de Atheca,* donde, entre curiosas alusiones
médicas, termina por compararle con las langostas de
que habla el *Apocalipsis* al decir que

> «... en aquellos días pulularán y abundarán,
> emitiendo por su boca el humo de la igno-
> rancia y de la depravación, el fuego de la ira y el
> azufre de la inmundicia carnal» [47].

Poco después, el 11 de julio de 1305, lee en Barcelona,
ante una asamblea presidida por el rey, una declaración en lengua catalana exponiendo sus ideas religiosas
y proféticas. En esa obra, escrita en un estilo sencillo
y muy directo, aparece un Arnaldo entregado celosa-
mente a sus ideas.

Con la misión de apoyar ciertas gestiones del arzobispo de Tarragona, es enviado a Burdeos, donde lee
ante el recién electo Clemente V, el 24 de agosto de 1305,
una petición para que apruebe los escritos teológicos que
le había enviado. Clemente V, a quien preocupan más
otros dominios en los que Arnaldo podía sin duda re-
sultarle más útil, le encarga un asunto en Toulousse.
Da largas en cuanto a la aprobación de sus escritos,
dudando tal vez entre la amistad que de tiempo atrás
le unía al médico y el posible riesgo de enfrentarse
con los teólogos. Al final, hábil diplomático, promete
un examen muy atento, se deshace en afabilidad hacia
él, pero no emite ninguna aprobación oficial. El que
calla otorga, piensa en su optimismo Arnaldo, y ve
abrirse un período de calma bajo la protección oficial
de Jaime II. Cuando en noviembre de 1305 el inquisidor
de Valencia excomulgó a un fiel por tener escritos espirituales de Arnaldo, el rey exigió que se levantase esa
pena, puesto que él mismo tenía en su poder un excelso

---

[46] Cf. F. Ehrle, «Nachträge zur Geschichte der drei ältes-
ten päpstlichen Bibliotheken», en *Festgabe A. de Waal.*
Roma, 1913, págs. 10 y ss.

comentario a los evangelios (por cierto hoy perdido) del
que había mandado hacer cinco copias, y le parecía plenamente ortodoxo. Por lo demás, las obras de Arnaldo
estaban sometidas al juicio del papa, y hasta que él
dictase veredicto nadie debía anticiparse a condenarlas.
Ni qué decir tiene que logró la revocación de la sentencia.

El más cualificado historiador de su pensamiento
médico, el profesor Paniagua, atribuye a esta época la
redacción del *Regimen sanitatis ad regem Aragonum*,
el más popular escrito dietético de nuestro autor, que
conservó largo tiempo su validez y llegó a despertar el
interés de Jerónimo Mondragón, quien lo tradujo y publicó en Barcelona en 1606 [48]; los *Aforismos* y el comentario a las *Parabolae*, obras que alcanzaron enorme difusión y convirtieron a nuestro médico en un autor
eminentemente práctico, en un clínico. En efecto, las
Parabolae medicationis, a las que ya aludimos, son casos
concretos en los que, tras la descripción de los sínto-
mas y manifestaciones de la enfermedad, se proponen
remedios prácticos, se administra el tratamiento. Pero
no es una obra seca y árida, cual correspondería a un
inventario. Aquí y allí surgen observaciones profundamente humanas y no pocas alusiones religiosas [49]. Bien
pudieran ser de este tiempo, según Paniagua, el tratado de los medicamentos simples, el *Antidotarium* (de
cuyo mundo de ideas surgiría tal vez el ya citado *Antí-
doto contra el veneno emitido por el hermano Martín*

---

[47] *Vat. Lat.*, 3.824, fol. 253. El opúsculo empieza en el fol. 237.

[48] No he podido encontrar esa traducción, pero sí un ra-
rísimo impreso, en la Biblioteca Nacional de París, en el
que Mondragón resume el pensamiento dietético de Arnaldo.
Lo reproducimos en Apéndice al tomo II.

[49] Existe una pintoresca traducción española, publicada
en la *Biblioteca histórica de la medicina española*, con el
título *Parábolas de Meditación (¡sic!)*, del maestro Arnaldo de Vilanova. Madrid, 1936, 2 vol. El primer tomo es un
amplio estudio preliminar de Eduardo García del Real, que
sigue demasiado al pie de la letra el famoso trabajo de
B. Haureau en *Histoire Litt. de la France*, 28 (1881), páginas 26-126.

de Atheca), el interesante *De venenis*, algunas monografías clínicas, etc.

Es curioso observar que los escritos médicos atribuibles a este período son fundamentalmente farmacológicos, como si Arnaldo, instalado ya en una cosmovisión visionaria, periclitara hacia la alquimia —fundamento de la farmacología medieval—, hacia la conexión real de lo científico y lo mágico. Pese a las reticencias de sus más recientes biógrafos, me siento inclinado a pensar que la alquimia arnaldiana es el resultado natural, el término esperado, de su proceso visionario en el que la ciencia se integra como un elemento más. Su repulsión hacia lo especulativo racional, su practicismo a ultranza, los poderes ocultos en la naturaleza reverencialmente concebida, todo ello parece inclinar por dinámica interna hacia el estudio alquímico. Que Arnaldo fue alquimista parece tradición innegable. Otro asunto más complejo es el de determinar, entre la inmensa masa de escritos que se le atribuyen, los auténticos [50]. Los más divulgados, publicados en las ediciones de Arnaldo y en las colecciones alquímicas [51], son:

Thesaurus Thesaurorum et Rosarius philosophorum.
Novum Lumen.
Sigilla duodecim pro totidem coelestibus signis.
Flos Florum.

---

[50] Sobre la alquimia arnaldiana, vd. J. A. Paniagua Arellano, «Notas en torno a los escritos de Alquimia atribuidos a Arnau de Vilanova», en *Archivo Iberoamericano de Historia de la Medicina y de Antropología Médica*, IX (Madrid, 1959), págs. 406-419, con buena bibliografía. En mi opinión, minimiza excesivamente el alcance de la alquimia arnaldiana.

[51] Los editaron Grataroli (Basilea, 1561), Zetzner (Estrasburgo, 1613), Manget en 1702, etc. En el clásico manual de la filosofía hermética, *Della transmutatione metallica*, de Nazari, figuran en versión italiana en apéndice a la edición de Brescia, 1599. Por cierto que en la Bibl. Nac. de Madrid (Sig. 3/44694) hay una edición anterior, Brescia, 1572, desconocida por los repertorios bibliográficos usuales, que no trae los textos de Arnaldo.

Epistola super alchimiam ad regem Neapolitanum.
Capitula Astrologiae de iudiciis infirmitatum secundum
  motum planetarum.

Muy abstrusos todos ellos. La alquimia fue para Arnaldo la extrapolación de su ciencia, la grapa que une
un Dios operante en los poderes ocultos de la naturaleza con la ciencia que se refleja en el empañado es-
pejo de nuestra mente. Dentro de su evolución personal, éste nos ha parecido el momento más idóneo para
esta actividad, sin que la índole de esos escritos per-
mita mayores precisiones cronológicas. En la vida de
Arnaldo, escrita por Champier [52], entre otros disparates
de bulto, se nos cuenta que

> «... in iuventute aliqua in Alchimia scripsit,
> quae, ut quibusdam placet, ipse igne dedit, cum
> primum animum ad Philosophiam applicuis-
> set ... Quae autem de Alchimia Arnaldi dicun-
> tur, falsa et plena fabularum sunt, et tanto
> viro indigna.»

De esa vida inventada por Champier procede la mayor
parte de las desfiguraciones históricas de nuestro personaje, canonizado por los historiadores de la medicina
y tratado de «enfermo mental» por aquel martillo de
herejes que fue don Marcelino. Creo que una interpretación global del proceso visionario de Arnaldo permite
concebir ambas facetas de su producción, la científica
y la teológica, como aspectos de un desarrollo unitario
que alcanza su ejemplificación en los escritos alquímicos.

Una fase de relativa paz espiritual se abre para nuestro autor en 1306. Deja de confiar en los eclesiásticos

---

[52] Reproducida en los *Opera omnia*. Basilea, 1585, fol. 3-4.
[53] El estudio fundamental sobre este punto es el de Carreras i Artau, «L'epistolari d'Arnau de Vilanova», en las
Memòries de la secció històrico-arqueològica, X (Barcelona, 1950). Vd., del mismo autor, «Del epistolario espiritual
de Arnaldo de Vilanova», en *Estudios franciscanos*, 49 (Barcelona, 1948), págs. 79-96; 391-406.

y se dirige a los espirituales, a las comunidades disemi-
nadas en la Provenza y en el Languedoc. Es el momento
en que escribe las más sublimes cartas de su espiritualidad, los textos más calmados y más directamente
enderezados a la práctica evangélica[53]. Usa con frecuencia en ellas la lengua catalana, mostrando una
notable pericia en su empleo. A este período parecen
pertenecer varios de los textos que traducimos en este
volumen, en concreto la *Sinopsis de la vida espiritual*,
el *Tratado sobre la Caridad* y el opúsculo *Puesto que
muchos desean saber*[54]. La heterodoxia de esos escritos
es fundamentalmente su anticlericalismo y el excesivo
poder que atribuye al demonio. Arnaldo arremete contra las instituciones en defensa de un espíritu que se
plantea la espiritualidad como una vida de exigencia en
respuesta a las llamadas evangélicas a la austeridad. Su
actividad diplomática disminuye, sin cesar del todo,
haciendo gestiones ante el papa en su calidad de emba-
jador de Jaime II. Trata de obtener de Clemente V que
declarase «cruzada» la guerra que iba a emprender
Aragón contra el reino moro de Granada[55]. Con motivo
de una enfermedad del Pontífice le dedica un libro de
medicina, que resulta difícil precisar cuál fue, tal vez
se trate de la *Practica summaria*[56].

En 1307, por las intrigas de Felipe IV, comienza en
París el proceso contra los Templarios, que tarda en
iniciarse en Aragón, donde comparativamente apenas
revistió gravedad, salvo cuando el 18 de octubre sitia-
dos en la fortaleza de Miravet, solicitaron el arbitraje
de Arnaldo, quien suavizó con mesura la tensión existente[57]. Cuando Jaime II consulte a nuestro personaje
sobre este asunto, recibirá como respuesta una encen-
dida carta urgiendo a la reforma de la Iglesia, corrupta

---

[54] Vd. *infra* las introducciones correspondientes.
[55] Vd., en general, Andrés Giménez Soler, *La edad media
en la corona de Aragón*. Barcelona, 1944², págs. 162-165.
[56] *Opera omnia*. Basilea, 1585, col. 1.439-1.452. Está dedi-
cada a Clemente V.
[57] Vd., en general, Joaquín Ayneto, *Historia de los Templarios en Aragón y Cataluña*. Lérida, 1904.

ya de pies a cabeza. Despliega entonces Arnaldo una
intensa actividad epistolar, instando a Felipe IV y al
propio Clemente V a castigar severamente a los templarios acusados. Obsérvese que Arnaldo es consultado
por tratarse ya de una autoridad espiritual. Desenfocan
por completo el aspecto histórico de la teología arnaldiana quienes, por defender el dogma, le consideran
un loco, un fanático mal visto incluso en su época. Real-
mente, en vida, nunca recibió una condena oficial de
las altas jerarquías eclesiásticas, que más bien le de-
fendían (tal vez por motivos diplomáticos, pero eso no
hace al caso) y consideraban importante su prestigio
en círculos cada vez más amplios. Su visión escatológica, suavizada en sus formulaciones por el paso de los
años, sin desaparecer por completo, desplaza sus acen-
tos hacia una práctica espiritual evangélica.

En Marsella, donde había dictado, el 10 de marzo
de 1308, un codicilo testamentario, recibe a unos monjes
griegos de Monte Athos, que intentan obtener la protección de Jaime II. A cambio quizás de los servicios
prestados por Arnaldo acceden a traducir al griego varias obras suyas, de cuyas versiones conservamos nueve
opúsculos en un códice de Leningrado [58]. El prestigio
espiritual de nuestro autor se extiende. Con su aureola
de visionario llega a Sicilia en 1309.

A esta época pertenece la *Interpretatio de visionibus
in somniis, dominorum Iacobi Secundi Regis Aragonum
et Frederici Tertii Regis Siciliae eius fratris* [59], interesante excursión por espacios oníricos que termina, como
era de esperar, en una exigente formulación de su utopía reformista tras un encarnizado ataque a la corrupción eclesiástica. No sería raro que, paralelamente a
esta obra, escribiese sus *Expositiones visionum quae
fiunt in somnis, ad utilitatem medicorum non modi-*

---

[58] Nos hemos servido de tres de estas versiones para
ilustrar algunos puntos oscuros del *Tratado sobre la Caridad*, de la *Sipnosis de la vida espiritual* y del *Puesto que
muchos desean saber*. De todas formas, para los textos conocido su valor no es muy grande.

[59] Incluimos su traducción en el segundo volumen.

cam [60], simpática panorámica de la oniromancia medieval, aunque menos crédula de lo que era usual, desde
Artemidoro, en este género de escritos. Sea como fuere,
el rey se embarcó decididamente en la reforma suge-
rida por el infatigable catalán, convirtiéndose él mismo
en propagador de esas ideas. Y así, escribe una encen-
dida carta a Jaime II para que emprenda también las
reformas y haya un rebrotar de savia en la vida espiritual de su pueblo. Federico III ha sido contagiado por
una de las más fijas ideas de Arnaldo, la de que es
preciso que, como rey, dé una respuesta personal a las
exigencias del Espíritu. La interpretación que hizo Arnaldo de sus sueños, en la que se mezclan los datos
científicos con las vivencias místicas, logró por un
cierto tiempo cautivar la mentalidad de Federico, ope-
rando en él el trastrueque de planos que produce visionarios. No era cosa de desperdiciar esta conquista, y,
tomándola como argumento decisivo, se presenta Arnaldo en Roma y obtiene el apoyo del cardenal Colonna.
Con la influencia adquirida logra favorecer en un momento crucial a los espirituales franciscanos, con lo
que se convierte en uno de los más autorizados ideólo-
gos del movimiento. El mismísimo Carlos II de Nápoles, nada inclinado a estas cosas, termina por permitir
e incluso fomentar el desarrollo de la secta. También
Jaime II le recibe en Barcelona, en junio de 1309, viendo en el catalán un buen punto de apoyo para su idea
de la Cruzada de España. El poder temporal se pone
al servicio del reino del Espíritu. ¡Por fin el Anticristo
será combatido con armas eficaces! Transportado de
alegría se traslada Arnaldo a Aviñón, donde recluta más
prosélitos entre los cardenales, que ven una buena ocasión de medrar al abrigo de los reyes. Clemente V le
concede grandes privilegios y pide su asesoramiento
para confeccionar los planes de estudio de la Escuela
de Medicina de Montpellier. Al comparar los escritos

---

[60] *Opera omnia*. Basilea, 1585, col. 623-640. Los teólogos
las incluyeron entre los libros prohibidos. Vd. Sandoval,
Index libri proh., II, pág. 36.

de Arnaldo con los programas publicados el 8 de septiembre de 1309, se tiene la impresión de que sus consejos han sido escuchados. Lo que él había enseñado adquiere el refrendo de una programación oficial. Arnaldo está en lo más encumbrado de su éxito como médico y como espiritual. Un nuevo y resonante logro en favor de Ubertino de Casale, perseguido hasta el extremo de tener que presentar en Aviñón un memorial de agravios el 25 de agosto de este año, contribuye a ello.

No iba, sin embargo, a durar mucho su alegría. El papa coronó, el 1 de agosto, a Roberto, hijo de Carlos, como rey de Nápoles, de Sicilia y de Jerusalén. Este Roberto, que por extraños senderos llegaría a ser un personaje legendario en los escritos alquímicos, pretendía reinar efectivamente sobre Sicilia, con la natural oposición de los reyes de la casa de Aragón. Arnaldo hace de mediador entre ambos bandos, pero la tensión no disminuye. Por otra parte, Jaime II pide a Arnaldo que obtenga del papa más apoyo para la ya emprendida conquista de Granada. Pero no obtiene respuesta. Enfrascado en el proceso de Ubertino, Arnaldo descuida las gestiones que le demanda el rey. Dos mensajeros que le envía en septiembre descubren con sorpresa que se ha marchado de Aviñón. Para colmo de males, se le ocurre leer unos días después, ante el Consistorio, un programa de actuaciones concretas, contando con pelos y señales los sueños de Jaime y Federico, que habían sido el punto de partida de esta misión. En un ambiente hostil, su discurso es mal acogido, repercutiendo negativamente sobre la fama de ambos reyes, cuyos enemigos aprovechan para acusarles ante el papa de visionarios irresponsables. Lo inoportuno de la intervención de Arnaldo dio lugar a varios dimes y diretes con Jaime II. En Almería, en enero de 1310, el monarca le acusa de haber obrado en detrimento de su fama, ordenándole poner por escrito en catalán lo que había dicho en latín. Lejos de reconocer su culpabilidad, escribe el *Raone-*

ment [61], disimulando los puntos que pudieran despertar suspicacias. Jaime II se muestra afable con él, pero no convencido envía una carta al papa negando de plano las fantasías que se le imputan y pidiendo que le remita el texto auténtico del discurso pronunciado por Arnaldo. Todo esto supone un frenazo a las apremiantes reformas y una prueba más de que las grandes corrientes espirituales descansan siempre, en última instancia, sobre sórdidos manejos. ¡Mucho podrían aportar las obras de Arnaldo para una procopea *Historia Secreta* de su época!

Unos meses de tranquilidad en Provenza, donde prosigue sus gestiones ante el rey Roberto, se ven súbitamente alterados por un encargo del pontífice: que lleve al rey el texto auténtico del discurso que pronunció en Aviñón. Arnaldo, temiendo lo peor, se lo entrega a Ramón Conesa para que sea éste quien lo lleve. Tampoco su amigo se atreve y recurre, ya en Valencia, a un mensajero. Arnaldo escribe a Jaime II recomendándole que lo lea con calma, pero en vano. El rey escribe a Federico III (el 24 de septiembre) aconsejándole romper con el imprudente visionario, y dirige otra carta (el 1 de octubre) a Clemente V en la que llama a Arnaldo embustero y falsario. Con Clemente V tuvo éxito, pero no así con Federico III, quien acoge de nuevo a nuestro médico y promulga en Mesina, el 15 de octubre de 1310, una constitución para el gobierno de la isla inspirada en un proyecto que le entregó Arnaldo; no tuvo empacho de comunicarlo tal cual a su hermano Jaime (en carta de 25 de octubre), criticando además la actitud que había tomado contra su consejero y recomendándole no sacar las cosas de quicio (carta de 10 de enero de 1311).

El creciente papel de Federico III, que intriga ante el emperador Enrique II, molesta al rey Roberto. Arnaldo va a Nápoles para suavizar la situación. Allí es bien acogido y dedica al rey su *Epistola super alchimiam*,

---

[61] Ed. Menéndez Pelayo, *Heterodoxos*, I, págs. 753 y ss.

el *De conservanda iuventute* y, tal vez, el *De vinis* [62]. Las
gestiones van por buen camino, pero (¡caprichos tienen
los hados!) el 6 de septiembre de 1311, durante un viaje por mar a Aviñón con el encargo de atender ciertas
dolencias del papa, cruza el umbral del Reino del Espíritu ARNALDO DE VILANOVA, médico y visionario,
secreto adorador de sus vivencias. Fue enterrado en
Génova, sin ver el mal término de sus interrumpidas
mediaciones y sin tener que soportar la condena que
en 1316 le nombra, por Sentencia de la Inquisición de
Tarragona, heterodoxo oficial.

---

[62] Estos tres opúsculos se encuentran en la ed. de Basilea, 1585. Del *De vinis* existen múltiples ediciones en incu-
nables.

Nuestra traducción

> Stylus Arnaldi medius inter elo-
> quentiam et barbariem fluit.
> (Champier, en los *Opera Om-
> nia*. Basilea, 1585, fol. 4.)

Al principio de cada opúsculo indicamos las fuentes que hemos utilizado, así como, en su caso, la edición seguida. Pero no estará de más curarse un poco en salud antes de que el lector se aventure por los textos arnaldianos que, por primera vez en lengua castellana, hemos seleccionado para ilustrar su quehacer teológico. El estilo de Arnaldo, al menos cuando escribe en latín, es de un descuido asombroso, con párrafos desmesuradamente extensos, con digresiones y reiteraciones continuas, y de una escasa selección de vocabulario. Nuestro esfuerzo al traducir ha sido el mismo que el de Arnaldo al escribir: tratar de que se entienda. Una prosa pulida con esmero, sin repeticiones ni incoherencias, sin anacolutos ni pleonasmos, nos hubiera convertido en «falsarios de la verdad arnaldiana», y ya sabemos cómo se las gastaba nuestro médico con los tales. En este espíritu, Elena Cánovas ha traducido los cuatro tratados de la querella contra los dominicos de Gerona, y la *Sentencia*, corriendo lo demás a mi cargo.

En este primer volumen incluimos mucho de lo que condenó la Inquisición, reservando para el segundo los restantes escritos reprobados y otros, igualmente reprobables, que escaparon a los inquisidores. Hemos optado por incluir en apéndice algunas obrillas atribuidas a nuestro autor y que, por diversos conceptos, nos parecieron interesantes.

Quede aquí expresado nuestro agradecimiento al profesor Guglielmo Cavallo, que nos proporcionó unas espléndidas fotocopias del *Vat. Lat.* 3.824, y al *Instituto Alemán* de Madrid, que nos facilitó muchos trabajos de otro modo inasequibles. Asimismo a Alejandro Cánovas, cuya ayuda nos fue muy valiosa en la confección de esta obra.

Bibliografía

BIBLIOGRAFIA

Reseñamos únicamente obras que consideramos interesantes. No es, pues, nuestra pretensión ser exhaustivos, sino ser útiles. En estos estudios se contienen a su vez muchos más datos bibliográficos, mediante los cuales el lector podrá alcanzar un más erudito conocimiento de los problemas.

A) *Ediciones de obras arnaldianas*

ARNALDI VILLANOVANI: *Philosophi et Medici summi, Opera omnia.* Basilea, 1585. (Contiene las obras médicas y las alquímicas. Es la mejor edición de conjunto entre las renacentistas. Dista mucho de satisfacer las exigencias críticas mínimamente exigibles.)

NAZARI: *Della transmutatione metallica.* Brescia, 1599. (Contiene en apéndice una excelente versión italiana de algunas obras alquímicas de Arnaldo.)

Para escritos espirituales:

BATLLORI, Miguel: «Les versions italianes medievales d'obres religioses de mestre Arnau de Vilanova», en *Archivio Italiano per la Storia della Pietà*, I (Roma, 1951), páginas 397-462. (Excelente estudio introductorio. Buenas notas a los textos que edita.)

— *Arnau de Vilanova. Obres catalanes*, I *(Escrits religiosos)* y II *(Escrits medics)*. Barcelona, 1947. (Prólogo básico de J. Carreras Artau. Edición muy cuidada e informada.)

BURGER, W.: *Beiträge zur Geschichte der Katechese im Mittelalter*. Publicados en *Römische Quartalschrift*, 1907, fascículo IV. (Ed. fragmentos del *Dialogus de elementis catholicae fidei*, con buen estudio de esa obra.)

CARRERAS I ARTAU, J.: «Del epistolario espiritual de Arnaldo de Vilanova», en *Estudios franciscanos*, 49 (Barcelona, 1948), págs. 79-94, 301-406. (Excelente selección de textos.)

— «La *Allocutio super Tetragrammaton*, de Arnaldo de Vilanova», en *Sefarad*, 7 (1947), págs. 75-105. (Esta, como todas las ediciones de Carreras i Artau, es muy cuidada e inteligente.)

— «La polémica gerundense sobre el Anticristo entre Arnau de Vilanova y los dominicos», en *Anales del Instituto de Estudios Gerundenses*, 5 (1950), págs. 1-58. (Edita, con buena introducción, los cuatro textos de esa polémica. He podido comprobar, sobre mis fotocopias del códice que usa, la gran exactitud de esta edición.)

— *Expositio super Apocalypsi*. Barcelona, 1971. (Ed. estrictamente filológica, con pocas notas, aunque muy interesantes. En el prólogo fija definitivamente la cronología de esta obra.)

FINKE, Heinrich: *Aus den Tagen Bonifaz VIII*. Münster, 1902. (Edita en un apéndice documental, págs. CXXVII-CCXI, bastantes textos del *Vat. Lat.* 3.824. Obra básica y modélica.)

MANSELLI, Raoul: *La religiosità d'Arnaldo de Villanova*. Roma, 1951. (Ed. de la introducción al *De semine scripturarum*. Buen estudio general.)

MENÉNDEZ PELAYO, M.: *Historia de los heterodoxos españoles*. Madrid-Santander, 1947. (Obra básica. Edita muchos documentos.)

B) *Documentos sobre Arnaldo*

MARTÍ DE BARCELONA: «Regesta de documents arnaldians coneguts», en *Estudis franciscans*, 47 (1935), págs. 261-300. (Catálogo por orden cronológico. Supera los inventarios anteriores.)

OLMOS, Elías: «Inventario de los documentos escritos en pergamino del Archivo de la Catedral de Valencia», en el *Boletín de la Academia de la Historia*, 103 (1933), páginas 141-293, 543-616.

C) *Estudios sobre Arnaldo o útiles para mejor comprender su actividad*

AYNETO, Joaquín: *Historia de los Templarios en Aragón y Cataluña*. Lérida, 1904. (Documentado y exacto.)

BALTHASAR, K.: *Geschichte des Armutstreites im Franziskanerorden bis zum Konzil von Vienne (1311)*. Münster, 1911. (Historía un mundo de ideas muy conexo con el de Arnaldo.)

BATLLORI, Miguel: «Orientaciones bibliográficas para el estudio de Arnau de Villanova», en *Pensamiento*, X (1954), páginas 311-323. (Muy informada y juiciosa introducción a la bibliografía arnaldiana. Allí pueden verse citados otros muchos trabajos de este autor, todos de alto nivel científico. Particularmente útil para la bibliografía sobre los movimientos espirituales de la época de Arnaldo. Básico.)

— «Nuevos datos biográficos sobre Arnaldo de Vilanova», en *Archivo Iberoamericano de Historia de la Medicina y de Antropología Médica*, VIII (1956), págs. 235-237.

BEAUJOUAN, Guy: *Manuscrits médicaux du Moyen Âge conservés en Espagne*. París, 1972. (Contiene un buen apartado sobre Arnaldo. Es simplemente un inventario.)

BOUTARIC: *La France sous Philippe le Bel*. París, 1861. (Todavía útil.)

CARRERAS I ARTAU, J.: «La llibreria d'Arnau de Vilanova», en *Analecta sacra tarraconensia*, IX (1935), págs. 63-84. (Reflexiones sobre el inventario conservado. Sorprende las conclusiones que se pueden sacar de él.)

— «Les obres teologiques d'Arnau de Vilanova», *ibidem*, X (1936), págs. 217-231. (Inventario de todos los escritos, con enumeración de los códices en que se encuentran y, en su caso, de las ediciones disponibles. Fundamental.)

— *L'epistolari d'Arnau de Vilanova*. Barcelona, Institut d'Estudis Catalans, 1949. (Muy completo estudio de la correspondencia arnaldiana. Ayuda mucho para la localización de las cartas.)

— *Relaciones de Arnau de Vilanova con los Reyes de la Casa de Aragón*. Barcelona, 1955. (Breve y actualizado.)

50 *Arnaldo de Vilanova*

— «La patria y la familia de A. de V. A propósito de un libro reciente», en *An. sacra Tarr.*, XX (1947), págs. 5-75.

— «Un proyecto de edición crítica de las obras espirituales de A. de V.», en *Las Ciencias*, XX. Madrid, 1955, págs. 181-88. (Este proyecto ya está en marcha y ha aparecido el tomo I. Incluirá todos los escritos espirituales de Arnaldo.)

— «Arnaldo de Vilanova, apologista antijudaico», en *Sefarad*, 7 (1947), págs. 49-61.

CHABAS, Roque: «Arnaldo de Vilanova y sus yerros teológicos», en *Homenaje a Menéndez Pelayo*, Madrid, 1899. T. II, págs. 367 y ss. (Niega la heterodoxia de Arnaldo.)

DÍAZ Y DÍAZ, Manuel C.: *Index scriptorum latinorum Medii Aevi hispanorum*. Madrid, 1959. Págs. 328-344. (Es un mero inventario de los códices que contienen cada obra de Arnaldo.)

DIEPGEN, Paul: *Medizin und Kultur*. Stuttgart, 1938. Páginas 120-185. (Fundamental reunión de artículos sobre la formación de Arnaldo, la autenticidad del *Breviarium*, la alquimia arnaldiana, la actitud de Arnaldo frente a la magia, la astrología y la oniromancia, y sobre la cosmovisión arnaldiana. Muy bueno.)

— *Arnald von Villanova als Politiker und Laientheologe*. Berlín y Leipzig, 1909. (Básico. Nos ha sido muy útil.)

DULIEU, Louis: «Arnaud de Villeneuve et la médicine de son temps», en *Montpellier Médicale*, LXIII, 1 (1963), págs. 29-49. (Muy elemental. Aporta algunos datos nuevos, pero no está bien informado de la bibliografía reciente.)

EHRLE, F.: *Die Spiritualen. Ihr Verhältniss zum Franziskanerorden und zu den Fraticellen*, publicado en el *Archiv für Literatur- und Kirchengeschichte*, I (1885), págs. 509-569; II (1886), págs. 106-164; 249-336; 671; III (1887), páginas 553-623; IV (1888), págs. 1-190. (Estudio básico sobre los espirituales franciscanos. Pese a la fecha conserva su validez.)

— «Arnaldo da Vilanova ed i Thomatistas», en *Gregorianum* (1920), págs. 475-501. (Edita algunos textos del *Gladius*. Buena introducción sobre el antitomismo de Arnaldo, con muchas observaciones útiles.)

ELÍAS DE TEJADA, Francisco: *Las doctrinas políticas en la Cataluña medieval*. Barcelona, 1950. Págs. 124-130. (Describe bien el ambiente reformista y sus repercusiones en el Estado. Bien informado.)

FINKE, Heinrich: *Papsttum und Untergang des Templerordens*. Münster, 1907, 2 vol. (Excelente estudio sobre los movimientos espirituales, teológicos y políticos de la época de Arnaldo.)

GIMÉNEZ SOLER, Andrés: *La edad media en la Corona de Aragón*. Barcelona, 1944 ². (Muy claro y ameno de leer. Bien informado.)

HAUREAU, Barthelemy: «Arnaud de Villeneuve, médecin et chemiste», en *Histoire Litteraire de la France*, XXVIII (1881). Págs. 26-126. (Util para la obra médica de Arnaldo. Bien informado de la bibliografía anterior.)

LALANDE, E.: *La vie et les oeuvres de maître Arnaud de Villeneuve*. París, 1896. (Poco crítico. Contiene muchos datos y en ello radica su mérito.)

MILLÁS VALLICROSA, J. M.: «Nota bibliográfica de las relaciones entre Arnaldo de Vilanova y la cultura judía», en *Sefarad*, XVI (1953). Págs. 149-153.

MINGHETTI, R.: «Sulla conservazione della memoria di Arnaldo de Vilanova», en *Pagine di Storia della Medicina*, IV (1960). Págs. 46-57.

MONTOLIU, Manuel de: *Ramon Llull i Arnau de Vilanova*. Barcelona, 1958. (Introductorio a la lectura de los textos en catalán. Pese a su título, no trata más que de pasada de la relación entre ambos personajes.)

OLIGER, Livarius: Art. «Spirituels», en *Dictionnaire de Théologie Catholique*, XIV, 2 (1941), col. 2.522-2.549. (Buena introducción, con bibliografía bien escogida.)

PANIAGUA, Juan A.: *El Maestro Arnau de Vilanova médico*. Valencia, 1969. (Fruto de muchos años de estudios sobre Arnaldo, este trabajo es la más decisiva aportación para la comprensión de su obra médica. Fundamental.)

— «Vida de Arnaldo de Vilanova», en *Archivo Iberoamericano de Historia de la Medicina y de Antropología médica*, III (1951). Págs. 3-83. (La mejor biografía que conozco de Arnaldo.)

PAYEN, Jacques: «*Flos Florum* et *Semita Semitae*. Deux traités d'alchimie attribués a Arnaud de Villaneuve», en *Revue d'Histoire des Sciences et leurs applications*, XII (1959). Págs. 289-300. (Obra del mejor conocedor de la literatura alquímica atribuida a Arnaldo. Minimiza tal vez demasiado el alcance de la alquimia arnaldiana.)

POU, José M.: *Visionarios, beguinos y fraticelos catalanes (siglos XIII-XIV)*. Vich, 1930. (Fundamental.)

RENNAU, Therese: *Die Gynäkologie des Arnold von Villanova*. Diss. Freiburg i. Br., 1912. (Muy técnico. Buena aportación a la comprensión de este aspecto de la obra médica de Arnaldo, de importantes repercusiones para algunos problemas de autenticidad.)

RIQUER, Martín de: «Un nuevo manuscrito con versiones catalanas de Arnau de Vilanova», en *Analecta sacra tarraconensia*, XXII (1949). Págs. 1-20.

SALVADOR DE LES BORGES: *Arnau de Vilanova, moralista*. Barcelona, 1957.

VERRIER, René: *Etudes sur Arnaud de Villeneuve* (1240?-1311). Leiden, 1947-1949, 2 vol. (Estudia sobre todo el *Breviarium*. Poco convincente en algunas innovaciones sobre la vida de Arnaldo. Fue objeto de fuertes polémicas.)

WICKERSHEIMER, E.: *Dictionnaire biographique des médecins en France au Moyen-Âge*. París, 1936, I. Págs. 45-49. (Importante.)

Sentencia condenatoria de las obras y errores de Arnaldo de Vilanova

Nota preliminar

El presente documento fue editado, por vez primera, en el *Viaje literario a las iglesias de España*, del P. Villanueva, t. XIX (Madrid, 1851), pp. 321-328. Para nuestra versión hemos seguido el texto ofrecido por Menéndez Pelayo, en Apéndice a su *Historia de los Heterodoxos españoles* (ed. nac. t. III, pp. 316-322), que corrige algunos errores ortográficos de Villanueva. De todas formas, el texto de don Marcelino contiene bastantes errores, que pueden incluso afectar al sentido, por lo cual hemos introducido estas correcciones que nos parecen evidentes:

p. 318 línea 10, por *contimentur* leemos *continentur*.

p. 318 línea 14, por *humanitate* leemos *humilitate*.

p. 318 línea 37, por *pala* leemos *palam*.

p. 319 línea 14, por *diceret* leemos *dicere*.

p. 320 línea 26, por *oyr*, en el título catalán, no da sentido aceptable y debe omitirse.

322), que corrige algunos errores ortográficos de Vi-
p. 321 línea 11, por *mori* leemos *more*.

p. 321 línea 31, corríjase *auten* en *autem*.

Las razones que aducen el Inquisidor y sus asesores, reunidos en sesión solemne un lunes de aquel noviembre de 1316, son generalmente correctas, pero se observa una gran animosidad contra Arnaldo, disfrazada de celo pastoral. En efecto, sacan de contexto sus afirmaciones para que resulten más chocantes. En realidad, la gran herejía de Arnaldo fue, por una parte, su clarividencia en comprender que la corrupción de los religiosos y de la jerarquía eclesiástica estaba alcanzando cotas intolerables, y, por otra parte, poner en conexión ese hecho con los signos del Anticristo deducibles de la Biblia. Hay que reconocer que eso no podía gustar a todos, y así, desde el punto de vista de la ortodoxia dogmática de su época, más que un hereje era un inoportuno debelador de pecados oficialmente canonizados. Bien es verdad que su cristología, al no distinguir netamente entre las dos ciencias de Cristo, y al entender en un sentido muy estricto el concepto de *participación* del cristiano en la divinidad, se prestaba a críticas. Lo mismo ocurre con su concepción escatológica, incoherente y un tanto extraña al hablar de una desigual intensidad en las penas del infierno. Pero lo cierto es, para el ingenuo lector de los opúsculos de Arnaldo, que más que del dogma se ocupa de la moral, de una muy ortodoxa moral, lo que le hizo, razonablemente, un anticlerical convencido.

SENTENCIA CONDENATORIA DE LAS OBRAS Y ERRORES DE ARNALDO DE VILANOVA

La autoridad de la Sagrada Escritura enseña, y las leyes católicas convienen en ello, que el Prelado no debe dar crédito con facilidad a algo que vaya en contra de sus súbditos. Por lo cual, según se lee en el *Génesis*, como el clamor de Sodoma y Gomorra se hubiera elevado hasta Dios, no quiso proceder de inmediato contra ellos, sino que exclamó: *El clamor de Sodoma y Gomorra llega hasta mí: Descenderé y veré si han hecho en todo según el clamor que llegó hasta mí.* [1] Y luego, una vez descubierta la verdad, envió contra ellos su sentencia de muerte. Y en el Evangelio se lee que un campesino que era acusado delante de su señor de haber derrochado los bienes como si fueran suyos, escuchó cómo le decía: *¿Qué es lo que oigo sobre ti? Dame razón de tu mayordomía, pues ya no podrás seguir de administrador.* [2] En estos ejemplos podemos aprender cual debe ser nuestra actitud con respecto a nuestros súbditos. Así pues, como a nuestros oídos ha llegado, precedido de mucho alboroto, y a través de la declaración de muchos varones buenos y honestos digna de todo crédito y en nada diferente además de la opinión más extendida, que un tal maestro Arnaldo de Vilanova, a lo largo de su vida, ha compuesto y publicado numerosos y diversos tratados, en los que se contienen bajo distintos matices muchos errores que van en contra de la santa y ortodoxa fe católica, y dichos tratados así compuestos abarcan errores de todas clases y en estos mismos se contienen múltiples afirmaciones dudosas en torno a la fe de nuestro Señor Jesucristo: así pues, algunos de estos tratados o libelos contienen herejías, otros errores, otros temeridades, otros falsedades y dudosas afirmaciones sobre la fe, y muchos hombres y mujeres de sencilla condición, que manejan estos libros, y dada su inge-

---

[1] *Gen.* 18, 20-21.
[2] *Lc.* 16, 2.

nuidad e ignorancia se adhieren a las afirmaciones contenidas en tales obras, podrían fácilmente inducirles a error e incluso a la perdición y a naufragar en la santísima fe de Dios y cosas tales que provoquen la corrupción y ruina de todos los estamentos de la santa y católica madre Iglesia, no sólo de los cristianos laicos, sino también de todos los clérigos y religiosos, cualquiera que sea su estado o condición, no deben pasarse impunemente por alto, antes bien, deben arrancarse de raíz de la comunidad de los fieles: por ello yo, Gaufrido de Crudillis, Prepósito de Tarragona, que hago las veces del Arzobispo de Tarragona por estar la sede vacante, llevado por el celo de fe, ya que es peligroso e incluso pecado mantener afrentas contra la fe católica, he resuelto que puedo enumerar los citados errores para ponerles el oportuno remedio. He llamado al religioso Hermano Juan de Longuerio, Inquisidor de la depravación herética, para que examinemos y pensemos con él de qué forma resultaría más cauto proceder en el ya mencionado asunto. Dado que según los cánones es imparcial el juicio que se ve consolidado por el mayor número posible de testimonios, para que podamos proceder con mayor seguridad en un caso referido a la fe, he convocado a los siguientes religiosos respetables, juiciosos y cultos: Hermano Bernardo Dominico, Lector de los Hermanos Predicadores de Barcelona; Hermano Bernardo de Pim, Lector de los Hermanos Predicadores de Lérida; Hermano Arnaldo de Canellis, Lector de la Orden de las Hermanos Menores; Hermano Bernardo Simonis, Lector de los Hermanos Predicadores de Tarragona; Hermano Guillermo Carocha, Lector de los Hermanos Menores de Tarragona; Hermano Jacobo Ricardi, de la Orden del Císter, Lector en el Monasterio de Poblet; Hermano

Raimundo Otgerio, de la Orden Cisterciense, Lector en el Monasterio de las Santas Cruces. A todos encomendamos que examinaran con atención los errores y temeridades que se contenían en dichos tratados y libelos. Ellos, de común acuerdo, los examinaron con escrupuloso interés y de nuevo nos los entregaron puntualmente el sábado 6 de noviembre del año del Señor 1316. En presencia suya, y con asistencia nuestra al capítulo de los canónigos de la iglesia de Tarragona, presentes también como asesores nuestros muchos religiosos, doctores en Teología y otros especialistas, entre los que se encontraban el venerable Hermano Jacobo Alamani, Prior Provincial de los Hermanos Predicadores en la provincia de Aragón, presentes también los venerables Berenguer de Calders, Consejero; Gundisalvo de Castro y Francisco de Casonovo, canónigos de la iglesia de Tarragona y convocados también otros canónigos del mismo sentir, hechos llamar asimismo los reverendos Padres y Abades del Monasterio de Poblet y del de las Santas Cruces, y en presencia de sus Procuradores, los Lectores ya citados, el sábado antes indicado, puesto que no podíamos tolerar una deshonra y afrenta a la fe cristiana, temiendo previsiblemente que las mentiras y equivocaciones que en dichos tratados se contienen pudieran inducir a error, no sólo a gentes sencillas, sino también a las instruidas, puesto que además allí se ofende a toda la Iglesia universal, tanto en la cabeza como en sus miembros, e incluso en sus afirmaciones se difama ampliamente al Sacramento de la Eucaristía, según el veredicto y expreso acuerdo de todos los predicadores, sentenciamos que debían ser condenados los libelos y tratados que más abajo se indican. Por tanto, yo, como Prepósito y el Inquisidor como tal, condenamos, reprobamos y sentenciamos los libelos o tratados del citado maestro Arnaldo por el siguiente orden:

Primeramente el que se titula: *De humilitate*[3] *et patientia Jesuchristi* (Sobre la humildad y paciencia de Cristo), que comienza: *Filla si la amor natural*, pues allí establece que la naturaleza humana asumida por Dios es igual a Dios en todos sus bienes y que tan sublime es la humanidad en Dios como la divinidad, tanto puede una como otra, lo que parece ser un error contra la fe, pues nada creado puede igualarse a Dios y se opone al símbolo de Atanasio, donde se dice: *Menor que el Padre, por su humanidad;* también dice Cristo en Juan: *El Padre es mayor que yo*[4]. Asimismo, en el libro *De fine mundi* (Sobre el fin del mundo), que comienza diciendo: *Entés per vostres paraules*, afirma que, tan pronto como el alma de Cristo se unió a la divinidad, inmediatamente esa misma alma supo todo lo que la divinidad sabe, puesto que anteriormente no había estado unida a una persona, sobre todo porque saber es una circunstancia que pertenece al supuesto individual y no a la naturaleza. De estas palabras, dos grandes dudas se suscitan, ya que establece que el alma de Cristo sabe todo lo que la divinidad sabe, y porque parece indicar que en Cristo sólo hay una ciencia.

Asimismo condenamos el libelo que se titula *Informatio Beguinorum vel lectio Narbonae*[5] (Infor-

---

[3] El texto editado por Villanueva y por Menéndez Pelayo dice *Humanitate,* en lugar de *Humilitate,* que es el título más adecuado al contenido de este opúsculo, conservado únicamente en el códice griego de Leningrado, fol. 72-81.

[4] *Jn.* 14, 28.

[5] En nuestra versión de este opúsculo (p. 135) hemos preferido, por reflejar mejor su contenido, el título *Sinopsis de la vida espiritual,* que es el que aparece en la versión griega y por el cual lo cita Arnaldo.

mación de los Beguinos o lección en Narbona), y que comienza: *Tots aquells qui volen fer vida spiritual*. Pues allí afirma que el diablo, valiéndose de su ingenio, provocó que todo el pueblo cristiano se desviara de la verdad de nuestro Señor Jesucristo; para ello le fue enflaqueciendo y vaciando hasta que no dejó en él más que la piel, es decir, la forma externa del culto eclesiástico; culto que celebra por rutina, y la fe que tiene es cual la fe de los demonios, y afirma también que todo el pueblo cristiano es conducido al infierno, y que los cristianos de todos los estamentos declaradamente han arrancado a Cristo de su vida, costumbres y afectos y en todo el cuerpo del colegio de Cristo, no sólo vive, sino que también señorea y gobierna de pies a cabeza tal clase de apostasía. Parece seguirse de estas palabras que no existe la gracia en toda la Iglesia militante. Lo cual es, a nuestro parecer, temerario y un error contra la fe, puesto que el Salvador dice en el último capítulo de Mateo: *Yo estaré con vosotros hasta el final de los tiempos* [6]*;* y va contra el artículo: *Creo en la Santa Iglesia Católica*. Asimismo, lo que se dice expresamente, y se colige de esto, es decir, que la Iglesia militante entera está condenada, lo consideramos de igual forma temerario y erróneo con respecto a la fe y contrario al artículo: *El perdón de los pecados*.

Igualmente condenamos el libelo que se titula *Ad Priorissam vel de caritate* (A la Priora o sobre la caridad), que comienza: *Beneyt et loat sia de Jesu Christ:* donde dice que todos los claustrales están fuera de la caridad y se condenan, y que todos los religiosos falsean la doctrina de Cristo. Decir lo cual resulta temerario y es una mentira evidente.

---

[6] *Mt.* 28, 20.

También condenamos el libelo cuyo título es *Apología*, y que comienza: *Ad ea quae per vestras litteras*. Donde reprueba el estudio de la filosofía y a los doctores en Teología que trataron en sus obras algún tema filosófico. Afirmamos que esto es temerario y peligroso en relación con la fe, pues parece condenar a Agustín, Jerónimo y otros Doctores canonizados por la Iglesia que así lo hicieron.

Igualmente condenamos la carta o libelo que comienza: *Domino suo karissimo:* pues condena allí a la Iglesia entera.

Condenamos, asimismo, el libelo que tiene como título *Denuntiatio facta coram Episcopo Gerundensi* (Denuncia hecha en presencia del Obispo de Gerona), y que comienza: *Coram vobis Reverendo.* Pues allí afirma que la revelación hecha a Cirilo es más valiosa que todas las Sagradas Escrituras, lo cual es un error contra la fe, puesto que la fe depende de la Sagrada Escritura y no de aquella revelación, y pone, por tanto, dicha revelación por delante de la fe.

Condenamos también el libelo que se titula *De helemosina et sacrificio* (Sobre la misericordia y el sacrificio), y que comienza: *Al catholic Enquiridor,* y sigue: *Faç vos saber que la cuestió que vos en vostra letra proposats.* Pues afirma allí que la obra de misericordia agrada más a Dios que el sacrificio del altar: lo cual es temerario y además erróneo, no sólo porque entre todos los sacramentos de la Iglesia el sacramento de la Eucaristía es el más valioso y noble que puede ofrecerse a Dios, sino también porque sin comparación hay por derecho en el sacramento de la Eucaristía más razones de aceptabilidad que en la generosidad de la limosna. También porque allí mismo se afirma que fundando capellanías o haciendo celebrar misas después de la muerte no se hace una obra de caridad, ni por esto se merece la vida eterna, lo cual es una herejía y va en contra de lo que comúnmente la Iglesia sostiene, contra el canon de la Misa y contra la Sagrada Escritura. También porque se dice en el mismo lugar que quien en su vida conoce a muchos pobres y sobre todo siendo amigos de ellos, y reúne y atesora lo que le sobra para fundar capellanías y acumular misas para después de su muerte, es seguro que cae en la condenación eterna, lo cual opinamos que es falso y temerario, a no ser que se tratase de pobres de extrema necesidad. También porque se afirma allí que en el sacrificio del altar, cuando el sacerdote ofrece o hace que se ofrezca, nada suyo ofrece a Dios, ni siquiera su voluntad, lo que nosotros juzgamos falso y temerario. Igualmente porque se dice en dicho lugar que está más representada la Pasión de Cristo en la obra de misericordia que en el sacrificio del altar: lo que juzgamos falso y erróneo, pues el sacrificio del altar es más conmemorativo de la Pasión del Señor, como se colige de su institución, donde Cristo dijo: *Cuantas veces hagáis esto, en memoria mía lo haréis*[7]. Y el Apóstol: *Pues cuantas veces comáis este pan y bebáis este cáliz anunciaréis la muerte del Señor*[8]. También porque allí se dice que en el sacrificio de la Misa no se alaba a Dios con obras, sino sólo con palabras, lo cual consideramos falso y erróneo. Igualmente lo que dice *in informatione Beguinorum* (en la información de los Beguinos), de que incluso en las constituciones pontificias no hay más ciencia que la de las obras humanas, lo consideramos temerario, evidentemente falso y próximo al error, ya

---

[7] Cf. *Lc*. 22, 19.
[8] I *Cor*. 11, 26.

que contienen muchas cosas sobre los artículos de
la fe y los sacramentos de la Iglesia.

Asimismo condenamos el libelo que comienza:
Per ço cars molts desigen saber [oyr] *ço que yo
vag denunciam.* Pues allí afirma que Dios nunca
amenazó a los pecadores con la condenación eterna,
sino a los que dan mal ejemplo, lo cual juzgamos
erróneo, como se lee claramente, entre otros muchos
pasajes de la Sagrada Escritura, en Mateo xxv:
Estos irán al castigo eterno [9]; y en Ezequiel: *El alma
que haya pecado, morirá* [10].

También condenamos el libelo que se titula *Alia
informatio Beguinorum* (Otra información de los
Beguinos), y que comienza: *Als cultivadors de la
evangelical pobreça.* Donde condena todas las ciencias a excepción de la Teología.

Condenamos también los libelos que comienzan:
*Davan vos senyor en jacme per la gracia de Deu Rey
Daragó propós yo Mestre A.*, y el que comienza:
Cant fui Avynó. También el que empieza: *Entés per
vostres paraules.* Igual al titulado: *Responsio contra Bn. Sicardi.* Pues en todos ellos habló de forma
temeraria y errónea en contra de la Sagrada Escritura y los doctores o tratadistas de la misma acerca de la inminente venida del Anticristo y el tiempo
señalado para el fin del mundo, y en todo lo que
dijo en estos libelos ya se mostró como un falso
profeta.

Por tanto, yo, Gaufrido de Crudillis, que hago las
veces del Arzobispo de Tarragona por estar la Sede
vacante, tanto en los asuntos espirituales como en
los temporales, y el hermano Juan de Longerio, Inquisidor de la depravación herética en el reino y

[9] *Mt.* 25, 46.
[10] Cf. *Ez.* 3, 18 y 33. 8.

dominio de Don Jaime, ilustre Rey de Aragón, puesto que no queremos omitir las resoluciones de los sabios ya citados, antes bien, deseando adherirnos a ellas lo más posible, como estamos obligados a hacer para salvaguarda de la fe y de la justicia, ya que no deseamos pasar por alto una ofensa dirigida contra la fe, teniendo a Dios por testigo, en presencia de los sagrados Evangelios traídos ante nosotros, bajo sentencia, en el nombre del Padre, del Hijo y del Espíritu Santo, Amén, condenamos todos los libelos antes indicados y todos aquellos en los que se afirmaran cosas semejantes y que aún no se hubieran presentado: y también todos los que dogmatizaran dichas afirmaciones, las enseñaran o leyeran pública o secretamente en presencia de otros. Por lo cual deseamos advertir que, si alguien tuviera libelos del tal contenido, que hubieran sido publicados por el Maestro Arnaldo, deben sernos presentados en un plazo inferior a diez días a partir de la publicación de esta sentencia. Pues si en la ciudad de Tarragona dichos libros no fueran entregados por aquellas personas a las que nosotros ordenamos hacerlo, en un plazo inferior a diez días desde la publicación de esta sentencia o en otros lugares de la provincia de Tarragona en un plazo igual a partir de la fecha de su publicación en dichos lugares, nosotros dos a la vez, Gaufrido de Crudillis, Prepósito de Tarragona, y el hermano Juan Longerio, en la diócesis tarraconense, y yo, hermano Juan de Longerio, por toda la provincia de Tarragona, dictamos contra tales personas sentencia de excomunión en este escrito a causa de su rebeldía y obstinación una vez hecha pública esta advertencia con toda claridad. Mas, si alguien, por rebeldía o desprecio, persistiera un año entero en tal excomunión, podrá procederse contra tales personas como contra herejes, según las cláusulas legales. Extendida esta sentencia en el Capítulo de la Sede de Tarragona, a la hora tercia del lunes ocho de noviembre del año del Señor 1316, estando presentes el venerable Bernardo de Plicamanes; el canónigo de Lérida, Raimundo Guillermo de Lordato; el canónigo Fuxen. Romeo Galvayn; el canónigo de Tarragona, Guillermo de Solario; el hermano Pedro Marsili, monje enfermero de Tarragona; los hermanos Bartolomé de Podioviridi y Berenguer Gizberti, de la Orden de los Predicadores; los hermanos Pedro de Cervaria y Pedro Ferrari, de la Orden de los Menores; el Prepósito Jacobo Tamarito; Raimundo Michaelis, Rector de la Iglesia de Constantino; Domingo de Rocafort, Guillermo Darocha, Guillermo de Celma, ciudadanos de Tarragona, y una gran multitud, tanto de clérigos como de laicos.

Yo, Arnaldo Sormat, notario público de Tarragona, en presencia de Arnaldo Martorell, notario público de la misma, certifico que estuve entre los aquí citados y levanté acta de estas cosas.

Yo, Arnaldo Cervera, copié esto por orden de Arnaldo Martorell, notario de Tarragona, como queda dicho arriba, etc.

La polémica gerundense sobre el Anticristo

Introducción

Cuando en los últimos meses de 1302 estalló la virulenta polémica entre Arnaldo y los dominicos de Gerona, ya había dado nuestro autor motivos suficientes para ser odiado por los clérigos regulares. Pero la gota que colmó el vaso fue la difusión, unos meses antes, de su *Libro de los siete espíritus malignos o Compendio de sutilezas y aberraciones de los falsos teólogos y religiosos*, que exacerbó la animosidad despertada por sus escritos sobre el Anticristo. Así los ánimos, no tardó en saltar la chispa que desencadenó una serie de alegatos y respuestas, de la que por desgracia sólo conocemos los cuatro textos de Arnaldo que siguen, pero no los de su adversario, Bernardo de Puigcercós, del que sólo sabemos que llegó a alcanzar cierta reputación dentro de su Orden [1].

Los motivos están suficientemente explicitados por Arnaldo en el preámbulo del *Eulogium*, por lo cual no merece la pena repetirlos aquí, pero se tendría una visión muy pobre de estos escritos si no

---

[1] Cf. Francisco Diago: *Historia de la provincia de Aragón de la Orden de Predicadores*. Barcelona, 1599, pp. 29 y sig.

se adivinara, tras los dimes y diretes, un problema
más acuciante y más fundamental. Toda la polémica
se desarrolla sobre el telón de fondo que opone a
la teología escolástica el profetismo apocalíptico.

El triunfo del tomismo, contra el que Arnaldo
escribió un violento opúsculo titulado *La espada
que degüella a los tomistas* [2], contribuyó a la aplica-
ción de métodos filosóficos a la exégesis bíblica.
El dogma se racionalizó, en cierta medida, y los pasajes de la Escritura pasaron a ser, en los manuales
escolásticos de la época, una prueba más, entre
otras, que se aducía para defender tal o cual tesis.
El mensaje de la Biblia, dirigido al corazón de los
hombres, se sistematiza mediante una ordenación
coherente. Y así, los textos se sacan de su sentido
más obvio para justificar instituciones eclesiásticas, se inventan sutiles distinciones para armonizar
lo irreconciliable, se logra que todo encaje. La interpretación más autorizada es la jerárquica, la
autoridad prevalece sobre la experiencia, convirtien-
do la exégesis medieval ortodoxa en una pseudo-
ciencia, se afianza el concepto de verdad oficial.

Como antítesis de la revolución operada, que ha
convertido a la Iglesia en una formidable máquina
de poder, nace el intérprete ingenuo, el que siente
que el mensaje evangélico es fundamentalmente una
llamada a la acción, el que experimenta, en los re-
cónditos entresijos de la vivencia mística, la inani-
dad de lo jerárquico. La corteza ritual, las prácticas
externas, debe sufrir una nueva hinchazón de savia,
debe cambiar para autentificarse. Nada justifica la
corrupción perceptible por doquier en la Iglesia.
Surge el visionario, el espiritual agresivo, los movi-

---

[2] Tenemos el propósito de publicar su traducción en el segundo
volumen, si logramos vencer las muchas dificultades que su texto
—aún inédito— presenta.

mientos discordantes ante una praxis incoherente. Nace el profetismo apocalíptico, que no admite de hecho más autoridad que la de la Sagrada Escritura, y que sólo como reflejos del Anticristo puede comprender las secuelas de la nueva óptica generalizada.

Se enfrentan dos actitudes, no dos ideas. La de Arnaldo, sumisa a la autoridad del obispo —en tanto no le condene— pero atenta puramente al sentido de los textos sagrados, y la de Bernardo, displicente ante la osadía de un médico seglar que se ha entrometido en su terreno, de un ignorante que maldice de los teólogos y dista mucho de *estar al día* sobre lo que los doctores dicen, de un cabecilla, en suma, de una secta herética cuyo narcisismo le impide acatar la autoridad. Pero Arnaldo es más hábil, sabe que ahora no debe atacar desaforadamente y convierte todo el primer documento, el *Eulogium*, en un gigantesco argumento *ad hominem* bajo la forma, irrefutable, de una enumeración de los signos que permiten reconocer a los verdaderos apóstoles, para concluir que su adversario no procede así. Las tres denuncias siguientes son variaciones sobre el mismo tema. Cuando catorce años más tarde se condenen estos escritos [3], estando en el Tribunal un tal Bernardo de la Orden de Predicadores (que mucho nos tememos que sea su dialécticamente malparado adversario), tendrán que recurrir a la ridícula afirmación de que Arnaldo antepone la revelación hecha a san Cirilo al testimonio de la Sagrada Escritura (lo cual no es en el fondo cierto), para encontrar algo herético en estos «libelos» y poderlos quitar de la circulación.

---

[3] Propiamente la Inquisición sólo condena la Tercera Denuncia.

Al efectuar la traducción hemos podido constatar que las citas bíblicas aducidas por Arnaldo pertenecen a una versión latina bastante distinta, en ocasiones, de la *Vulgata,* lo cual no carece de interés para los estudiosos de la difusión de la Biblia latina en Cataluña y, tal vez, para los arduos problemas que suscita la *Vetus Hispana,* sobre todo si tenemos en cuenta que, en un documento tan solemne como el *Eulogium,* es poco verosímil que Arnaldo cite de memoria. Pero este problema desborda los límites y la intención de nuestro estudio.

Empezamos nuestra traducción sobre una fotocopia del manuscrito Vaticano Latino 3824, pero al poco tiempo llegó a nuestras manos la edición de Joaquín Carreras Artau [4], y, tras unas cuantas confrontaciones con el códice, optamos por seguir el cuidado texto de Carreras Artau, que nos ha sido de gran utilidad y en el cual sólo hemos encontrado dos errores insignificantes.

---

[4] En *Anales del Instituto de Estudios Gerundenses,* V, 1950, pp. 33 y sigs.

El «*Enlogium*» [1]

Preámbulo

Motivos de las puntualizaciones siguientes.

Como introducción a lo que se va a leer, que toda la venerable multitud presente escuche la circunstancia que le dio origen. Poco ha, en presencia de personas respetables, gente digna de crédito, contaba que uno de aquellos a quienes se les tiene encomendada la difusión de la verdad evangélica dogmatizaba que nadie podía conocer el fin del mundo a través de la revelación divina. Mas yo, al oír esto, dije que quizás las palabras de aquél habían sido mal referidas, pues creo que habría dicho que no podía ser conocido por medio de la razón humana o incluso de la mera conjetura. Esto es cierto y está correctamente dicho. Pero decir que no es posible conocerlo a través de la revelación divina, si alguien afirmara esto, no a modo de opinión, sino con tenacidad, o es un hereje o está loco. Pues esta afirmación, no sólo en lo que se refiere a la forma

---

[1] Los diccionarios suelen traducir este título por «regalo, presente ofrecido a alguien». Carreras Artau propone traducirlo por «declaración razonada», interpretación acorde con su etimología. Por nuestra parte, nos parece más adecuado al contenido del escrito traducirlo por «puntualizaciones».

escrita, sino también al sentido, contradice las Sagradas Escrituras, tanto del Nuevo como del Antiguo Testamento.

Entonces replicaron que el que dogmatizaba aquello dice que se apoya en las Sagradas Escrituras. Y al haber yo preguntado en qué autoridad del Sagrado Canon se basaba, se me respondió que citaba como prueba la autoridad del Apóstol en la Epístola II a los Tesalonicenses, donde les advierte que en relación con el fin del mundo, ni se dejen impresionar ni se dejen dominar por el temor, ni aunque se les anuncie como una revelación procedente del Espíritu Santo o de su palabra o incluso de una carta por él enviada[2]. Entonces, repuse que quien de tal manera aducía este pasaje, o no había leído aquella carta o, si la había leído, no la había comprendido. Mas, si la había comprendido, seguro es que se trata de un falsario, puesto que la citaba con engaño y mutilándola, para poder con ella seducir. De varias formas, como afirmé, está expresado esto. Primero por Jerónimo en el prólogo de dicha epístola[3], el cual dice abiertamente que en aquella epístola el Apóstol hace referencia a los últimos tiempos y a la llegada del enemigo. Luego, por el propio apóstol en la misma epístola, ya que cuando dice que ni se dejen impresionar, ni sientan temor, etcétera, inmediatamente añade: *como si estuviera cerca el día del Señor, porque si no se habría revelado antes de esto el hombre del pecado, el hijo de la perdición*[4], etc. Con estas palabras él mismo lo describió allí mediante una referencia segura de

---

[2] II *Tes.* 2,2.
[3] Vd. *PL*. XXIX, col. 837-840.
[4] II *Tes.* 2, 2-3.

tiempo, puesto que el Apóstol expresamente declara que el día del Señor, es decir, el día del juicio o de la consumación de los siglos, no llegará antes de que se haya revelado el hijo de la perdición, y en qué tiempo deba revelarse. Por último, ya que la *Glosa*[5] dice expresamente que el Apóstol con aquellas palabras les volvió cautos, para que no se dejaran seducir por las afirmaciones de los falsos apóstoles, que mucho dogmatizaban entonces y dogmatizaban a diario en contra del sentido puro de las sagradas palabras.

A lo que respondió uno de los asistentes: Es necesario, por tanto, que sepamos reconocer quiénes son los verdaderos y quiénes los falsos apóstoles, y quienes tienen una interpretación correcta o incorrecta de las sagradas palabras. Y respondí que así era. Y replicó: ¿Cómo podríamos saber estas cosas? Entonces contesté: Para reverencia y honor de toda la iglesia gerundense y para la información de la iglesia romana y de la grey católica entera, quiero, con este motivo, hacer una breve y clara disertación.

Texto

> *Comienza la declaración con una información acerca de los verdaderos y de los falsos apóstoles.*

Puesto que el Apóstol advierte a los Tesalonicenses y ruega a los fieles que no presten a la ligera

---

[5] Se trata de la *Glossa Ordinaria* de la Biblia, hecha por Walafrid Estrab en el siglo IX. Arnaldo refiere varias veces a ella en este escrito.

su fe a las palabras de los falsos apóstoles [6], a los que quieren saber y conocer quienes son y pueden ser llamados falsos apóstoles desde el punto de vista católico, hay que advertirles que los tales se oponen a los verdaderos apóstoles, y por tanto se les puede llamar mentirosos trayendo a colación las palabras del *Apocalipsis: Pusiste a prueba a los que dicen ser apóstoles y no lo son y hallaste que son unos embusteros* [7], por lo cual, es preciso que ellos carezcan al menos de alguna de las principales particularidades que se requieren para el verdadero apostolado. Dos son en general estas particularidades: Primera, el ser enviados por Cristo para anunciar la verdad evangélica, o bien directamente, como los primeros príncipes y fundadores de la Iglesia, o bien de manera indirecta, como los sucesores de estos que son enviados para este ministerio por la institución canónica; segunda, que estén identificados con Cristo, como dice el Señor: *Si alguno quiere servirme, que me siga* [8]. Y de nuevo en la I de Juan: *Quien dice que persevera en Cristo, debe caminar lo mismo que El caminó* [9]. También dice el Apóstol a los Corintios que en todo lugar deben ser el buen olor de Cristo, y transformarse en su imagen de claridad en claridad [10].

Pero el verdadero heraldo o apóstol de la verdad evangélica debe ser semejante por completo a nuestro Señor Jesucristo en cinco puntos. Primero, en vida y conducta, ya que debe ser espiritual según

---

[6] II *Tes.* 2, 2-3.
[7] *Ap.* 2,2.
[8] *Jn.* 12,26.
[9] *Jn.* 2,6.
[10] Cf. II *Cor.* 2,15; 3,18.
[11] *Gal.* 5,16.

lo que escribe el Apóstol a los Gálatas: *Caminad
según el espíritu* [11]. Estas en verdad son las cosas
que convienen a tales ministros para el perfeccio-
namiento de una conducta y una vida espirituales,
en especial se lo explica a los Corintios cuando
dice: *En todas las circunstancias, mostrémonos
como ministros de Dios: por nuestra gran paciencia en los sufrimiento, en las necesidades, en las
dificultades, en los golpes, en las cárceles, en las re-
voluciones,* en las demás cosas que se citan a continuación allí mismo [12]. En cuanto a por qué enumera en primer término la paciencia en las adversidades, se debe a que es la primera señal que distingue al verdadero apostolado, como él mismo
atestigua en dicha epístola en el penúltimo capítulo, cuando dice: *Los signos de mi apostolado se os
han manifestado en mi paciencia a toda prueba* [13].
Mas esto lo dice según la consideración del precepto dado por el Señor a los apóstoles cuando les
envió diciéndoles: *He aquí que yo os envío como
ovejas* [14], etc. Y un poco más adelante añade: *Sed
sencillos como palomas* [15]. Con estas palabras les
impuso una incondicional mansedumbre. De aquí
se desprende evidentemente que el primer signo de
los falsos apóstoles es que sean impacientes en cualquier adversidad y muestren su falta de paciencia
al producirse las contrariedades, no sólo mediante
la murmuración sino también la irritación, la protesta, la queja, el insulto, la blasfemia y demás formas con las que la indignación y la ira les sacude.
A todos en general exhorta el Apóstol para que de-
pongan este hábito, cuando dice en la epístola a los

---

[12] II *Cor.* 6, 4-5.
[13] II *Cor.* 12,12.
[14] *Mt.* 10,16.
[15] *Mt.* 10,16.

Colosenses: *Despojaos del hombre viejo con sus acciones* [16]. Previamente a estas palabras les había escrito: *Apartad también todo esto de vuestra boca, la indignación, la blasfemia, la sucia palabra,* y otras cosas que allí mismo se tratan [17]. También en la epístola a los Efesios dice: *Desterrad de vosotros la tristeza, la ira, la indignación, el griterío y la blasfemia así como cualquier otra clase de maldad* [18]. Y con el mismo sentir que él, alza la voz el bienaventurado Pedro cuando dice: *Quede apartada de vosotros toda maldad y engaño, todos los fingimientos y envidias, como recién nacidos* [19], etc. Mas sobre el hábito del que deben revestirse habla expresamente a los Colosenses: *Revestíos, como elegidos de Dios que sois, de entrañas de misericordia, de bondad, de humildad, de modestia, de paciencia* [20], etc.

Lo segundo en lo que deben ser como Cristo lo constituye el fin de la predicación evangélica, que es la caridad, como dice el Apóstol en la epístola a Timoteo: *El fin del precepto es la caridad* [21]. También el Señor dice en Juan: *Tened presente lo que os he ordenado, que os améis unos a otros como yo os amé* [22], etc. Y lo repite el Apóstol a los Efesios cuando dice: *Caminad en caridad, así como también Cristo os amó* [23]. También el bienaventurado Pedro explicó en breves palabras lo que, acerca de la caridad, concierne al ministerio de los verdaderos apóstoles, cuando dice: *Proporcionad a vues-*

---

[16] *Col.* 3,9.
[17] *Col.* 3,8.
[18] *Ef.* 4,31.
[19] I *Petr.* 2, 1-2.
[20] *Col.* 3, 12.
[21] I *Tim.* 1,5.
[22] *Jn.* 3,34.
[23] *Ef.* 5,2.

tra fe la fortaleza, a la fortaleza el conocimiento, al
conocimiento la continencia, a la continencia la constancia, a la constancia la piedad, a la piedad el amor
fraterno, al amor fraterno la caridad [24]. Por tanto, si
los antedichos ministros caminan en caridad tanto
interna como externamente, según enseña el Apóstol, entonces armonizará con Cristo su ministerio
en cuanto a su fin. En lo interno caminan entera-
mente en caridad si, como dice a Timoteo, han ac-
tuado con pureza de corazón, bondad de conciencia
y sinceridad de fe [25]. Y en lo externo, si alguno de
ellos, como dice en la epístola a los Corintios, ha
sido paciente y bueno, no ha sido envidioso, ni obrado con falsedad, ni ha sido jactancioso, ni ambicio-
so, ni ha mirado por lo suyo, ni se exaspera, ni tiene
en cuenta el mal, ni se alegra con la injusticia sino
con la verdad [26].

El tercer aspecto en el que debe parecerse es el
celo, es decir, lo mismo que Cristo por celo de Dios
y para su gloria y la salvación de las almas velaba
por la verdad evangélica, igual deben hacer sus ministros. Pero si lo hacen para conseguir su propia
gloria, entonces son falsos y embusteros. Como se
desprende de lo que dice el Señor en Juan: *Quien*
procura la gloria del que le envió, éste tiene la ver-
dad y la injusticia no está en él [27]. Y en sentido contrario: el que busca su propia gloria y no la de quien
le envía, es embustero e injusto. Y así es el que
propone a sus oyentes cosas que no edifican, cuando lo que dice el Apóstol es que hagan todo para
edificar [28]. Incluso lo que ellos no puedan juzgar o

---

[24] II *Petr.* 1, 5-7.
[25] I *Tim.* 1, 5.
[26] I *Cor.* 13, 4 y sigs.
[27] *Jn.* 7, 18.
[28] I *Cor.* 14, 26.

entender. Y va en contra de lo que el Apóstol escribe a los Corintios: *A vosotros, como a párvulos en Cristo, os di leche para beber y no comida sólida, pues aún no podíais entender* [29]. En situación semejante está el embustero, si busca con la predicación su propio provecho, y sobre todo el temporal, como abiertamente lo indica el Apóstol a los Filipenses cuando dice: *Pero ¿qué? mientras de cualquier modo, sea por aprovechar la ocasión sea por sinceridad, se predique a Cristo* [30]; acerca de lo cual, dice la *Glosa* que los que predican a Cristo sinceramente son los que predican por Cristo. En cambio, los que lo hacen por lucro son los que le predican por aprovechar la ocasión. De lo cual se deduce claramente que, puesto que los tales no le predican con sinceridad, son unos embusteros. Y de ellos dice allí mismo el Apóstol que miran por sus propios intereses, no por los de Jesucristo [31]. Y en la Epístola a los Romanos dice que de esta forma no sirven a Cristo nuestro Señor, sino a su propio vientre [32]. Y según esta consideración, en la Epístola a los Corintios, llama a los falsos apóstoles operarios fraudulentos, pues parecen ocultar en su corazón algún engaño bajo el manto externo de la predicación [33].

En cuarto lugar, deben parecerse a Cristo en la palabra, la cual debe ser sensata e irreprochable en un heraldo de la verdad evangélica, como dice el Apóstol a Tito [34]. Sensata, es decir, que edifique a los oyentes para la salvación eterna. Irreprochable,

---

[29] I *Cor.* 3, 1-2.
[30] I *Fil.* 1,18.
[31] I *Fil.* 2,21.
[32] *Rom.* 16,18.
[33] II *Cor.* 11,13.
[34] *Tit.* 2,8.

para que no sea ni soberbia ni impura. Con respecto a lo primero dice el Apóstol: *Que vuestra moderación sea conocida por todos los hombres* [35]; respecto a lo segundo, dice el salmista: *Palabras del Señor, palabras sinceras, plata purificada por el fuego* [36], etcétera. Pero si contiene alguna impureza, es hostil a Cristo, de manera que cualquier impureza está excluida de la palabra del verdadero heraldo. Lo primero que debe excluir es aquello que corrompe las costumbres. Respecto a lo cual dice el Apóstol a los Corintios: *Las conversaciones depravadas corrompen las buenas costumbres* [37]. En efecto, si alguien sembrara entre el pueblo una palabra que contuviese una flagrante impureza de desprecio, de ultraje, de blasfemia, de impaciencia, de ira o algo semejante, es seguro que es enemigo de Cristo por lo que respecta a la palabra y es uno de los que el Apóstol dice: *Los que predican que no hay que hurtar y hurtan, y que no hay que cometer adulterio y lo cometen* [38], etc. Ya que predican que no hay que blasfemar y blasfeman, que no hay que denigrar y denigran, que no hay que irritarse y se irritan, ensoberbecerse y lo hacen con presunción, con altanería y jactancia, que no se debe injuriar e injurian, que no se debe mentir y mienten, que no se debe engañar y engañan, que no se deben amar las cosas temporales y las buscan y abrazan ardientemente y con tenacidad. Hablando de tales sujetos, el Apóstol dijo a los Gálatas que son transgresores, cuando afirma: *Si vuelvo a edificar lo que destruí, me convierto en transgresor* [39]. Y esto es porque, como dice

---

[35] I *Fil.* 4,5.
[36] *Ps.* 11,7.
[37] I *Cor.* 15,33.
[38] *Rom.* 2, 21-22.
[39] *Gal.* 2,18.

a los Corintios: *El reino de Dios no está en la pala-brería, sino en la virtud* [40]. Y en la revelación que sobre el celo le fue enviada desde el cielo en tablas de plata al bienaventurado Cirilo, que está deposi-tada en la más fastuosa iglesia de Dios, en la que también se anuncia por medio del Espíritu Santo, y para un número fijo de años, el tiempo del Anti-cristo; allí mismo anuncia también el Espíritu San-to que, en torno al tiempo de éste, en ciertos esta-mentos canónicos se multiplicarán tales apóstoles o heraldos, y enumeró veintiuna inmoralidades que dominarán en ellos, mediante las cuales la maldad de los fariseos se verá claramente renovada, y por su causa, según anuncia, serán exterminados en el juicio de Dios por una doble espada, a saber, la seglar y la eclesiástica. Y así mismo declara sin dejar lugar a dudas quiénes son aquellos acerca de los cuales el Apóstol profetizó ampliamente en los dos últimos capítulos de la II Epístola a Timoteo, al anunciar que iban a multiplicarse en dicha épo-ca [41]. De éstos, dice allí mismo el Apóstol particu-larmente que vendrán bajo la apariencia de pie-dad [42], es decir, como se lee en la *Glosa,* bajo aspec-to y forma de religión. Serán de los que se intro-ducen en las casas y cautivan a mujerzuelas carga-das de pecados [43]. De ellos dice también expresa-mente que, igual que Yannes y Yambres [44] se opu-sieron a Moisés, así mismo ellos se opondrán a la verdad [45]. Relativo a los tales también había dicho

---

[40] I *Cor.* 4,20.
[41] II *Tim.* 3 y 4, *passim.*
[42] II *Tim.* 3,8.
[43] II *Tim.* 3,6.
[44] Pese a que Carreras Artau leía *Mambres,* en la fotocopia que poseemos del Mss. Vat. Lat. 3824, pone *iambres,* como era de esperar.
[45] II *Tim.* 3,8.

en la I Epístola a Timoteo que terminarán cayendo
en vana garrulería al querer ser doctores de la ley
aun sin entender las cosas que dicen y sobre las que
hacen afirmaciones [46]. También en la Epístola a Timoteo dice que arruinarán familias enteras, al enseñar cosas indebidas por mor de vergonzoso lucro [47]. A su vez, el bienaventurado Pedro profetizó
sobre ellos en la II Epístola, y les anuncia a los fieles con estas palabras: *Así como existieron falsos
profetas en el pueblo antiguo, así habrá entre vosotros maestros embusteros* [48]. Y un poco más adelante añade: *Por boca de éstos será blasfemado el
camino de la verdad y, movidos por la codicia, con
engañosas palabras, traficarán con vosotros* [49]. Y allí
mismo dice que son fuentes sin agua, nubes empu-
jadas por el torbellino [50].

En segundo lugar, debe quedar excluido de un
verdadero heraldo de la verdad evangélica cualquier
tipo de impureza que se oponga a la doctrina de
Cristo, tanto en lo que se refiere a la materia de
los preceptos como en lo referente al fin de la doctrina. En cuanto a la materia de los preceptos sería
impura y estaría en contra de Cristo, si predicara
al pueblo que es inútil que los fieles reflexionen sobre la llegada de la consumación del siglo, y que
no es conveniente el conocerla de antemano. En
efecto, Cristo unió a sus apóstoles bajo el precepto
de que la predicaran diciendo: *Llegará el reino de
los cielos* [51]. Y así su vicario en la primera Epístola
alza su voz al decir: *El final de todas las cosas lle-*

---

[46] I *Tim.* 6-7.
[47] *Tit.* 1,1.
[48] II *Petr.* 2, 1.
[49] II *Petr.* 2, 2-3.
[50] II *Petr.* 2, 2-3.
[51] *Mt.* 4,17.

gará[52]. Y el Apóstol, precisando algo más, lo repite
en su Epístola a los Hebreos cuando dice: *Todavía
un poco, un poquito y el que ha de venir vendrá y
no tardará*[53]. Y Juan lo pregona cuando en el *Apocalipsis* les dice: *El tiempo está cerca*[54]. Pero Cristo
exhorta a todos los fieles a que reflexionen sobre él,
al decir: *Así pues, cuando veáis todas las cosas,*
las que anteriormente les había enumerado, claro
está, *sabed que entonces cerca, en puertas, está la
consumación*[55]. En efecto, antes de estas palabras
les había descrito con detalle las señales por las que
puede reconocerse de antemano la llegada de la consumación[56]. Por lo cual, instruir o dogmatizar que
en vano los fieles la tienen en cuenta, no es más que
atentar directamente contra la doctrina de Cristo,
tal como hará el Anticristo. Y si alguien hiciera esto
a sabiendas y obstinadamente, sin duda alguna sería un hereje y un malvadísimo miembro del Anticristo, puesto que tácitamente atribuiría a Cristo el
haber enseñado aquello inútil o imprudentemente,
cuando sin embargo en su doctrina nada superfluo,
inútil ni inconveniente existe. Y así, el bienaventurado Agustín, que entendía estas cosas correctamente, se mostró cauto, porque en la Epístola a Hesi-
quio[57] no afirmó que hubiera peligro para los fieles
en conocer previamente la llegada de la consumación, como aducen algunos ignorantes que no han
leído o no han entendido sus escritos[58]. En cambio,

[52] I *Petr.* 4,7.
[53] *Hebr.* 10,37.
[54] *Ap.* 1,3.
[55] *Mt.* 24, 33.
[56] *Mt.* 24.
[57] Cp. *PL.* XXXIII col. 907.
[58] «Invectiva contra los teólogos de la Sorbona, que no acep-
taron la interpretación arnaldiana de éste y otros textos de
S. Agustín», Carreras Artau, *o. c.*, p. 40.

dijo que corrían peligro si según su propia opinión fijaban un término corto o largo para la consumación, como quedó perfectamente expuesto en el *Misterio de los címbalos* [59]. De la misma manera, es ir en contra de la doctrina de Cristo, en lo que se refiere a la materia de los preceptos, dogmatizar que el tiempo del Anticristo y la consumación del siglo no serán reconocidos por los fieles a través de la revelación divina. Puesto que Cristo, en la promesa que hizo a los elegidos acerca de la venida del Espíritu Santo, explícitamente les dijo: *Os enseñará toda la verdad* [60]. Y de nuevo: *Os anunciará lo que ha de venir* [61]. Y que esta promesa o palabra se refería al tiempo del Anticristo y a la consumación del siglo, claramente lo expone el Apóstol a los Tesalonicenses [62] en lo que a uno y otro toca. Ya que el tiempo del Anticristo lo situó de antemano mediante una señal reconocible, al decir que el impío se manifestará cuando triunfe la iniquidad. Expresamente dice también que los Tesalonicenses sabían entonces por qué causa se retrasaba la manifestación del Anticristo [63]. Es seguro, pues, que el tiempo de aquél le fue a él revelado, cuando anunciaba a los fieles que aquello sobrevendría durante un signo determinado, a los cuales no intentaba engañar con ambigüedades, sino informarles, para su buen control, con testimonios seguros. En cuanto a lo segundo dice sin ambages que también el día del Señor, por el cual se entiende comúnmente el día del juicio y de la consumación del siglo, será co-

---

[59] El *De cymbalis Ecclesiae* fue la réplica de Arnaldo a la condena de sus escritos por los teólogos de la Sorbona.
[60] *Jn.* 16,13.
[61] *Jn.* 16,13.
[62] II *Tes.* 2, 7-8.
[63] II *Tes.* 2,6.

nocido de antemano por los hijos de la luz; por lo
tanto, conocer previamente los tiempos finales, tanto los que afectarán a todos como los de cada uno
en particular, es útil a los elegidos. Y por esto el
Salmista, según el sentir de todos, desea saberlo
cuando dice: *Hazme, Señor, conocer mi fin, y cuál
sea el número de mis días, para que sepa lo que
me falta*[64]. Por ello los elegidos tienen anunciado el
tiempo de su muerte, como Juan Evangelista, Magdalena, Marta y el bienaventurado Pedro, según él
mismo cuenta en su segunda epístola[65], y otros
muchos imposibles de contar. De éstos, la Iglesia
está totalmente segura. Por ello el bienaventurado
Agustín, que comprendía todas estas cosas correctamente, dice en el libro *Sobre la Trinidad*[66] que
los tiempos que el Padre en su poder dispuso tan
sólo por su poder pueden ser revelados a los elegidos en los tiempos establecidos por El[67]. De lo cual
se desprende patentemente que quien dogmatiza
tercamente lo contrario, no sólo muestra que no ha
leído o no ha entendido las Sagradas Escrituras y
que es un falso teólogo, como en la *Apología*[68] quedó demostrado, sino también que contradice tanto
a Cristo como al Espíritu Santo. Y al considerar esta
desviación, la *Glosa*, con respecto a aquella expresión
que está en la epístola a los Tesalonicenses: *No os
dejéis impresionar a la ligera por vuestro buen jui-*

[64] *Ps.* 38,5.
[65] II *Petr.* 1,14.
[66] Alusión al *De Trinitate*, editado en *PL.* XLII.
[67] El pasaje aludido se encuentra en *De Civitate Dei* (cap. 18),
no en el *De Trinitate*. Arnaldo confunde muy frecuentemente, en
sus citas, las obras de san Agustín, lo que parece indicar que le
era un autor muy familiar y se permitía citarlo de memoria, incluso en documentos tan trabajados como éste.
[68] *Apología de versutiis et perversitatibus pseudotheologorum
et religiosorum*, que incluimos (en extracto) en el segundo tomo
de esta obra.

cio [69], dice que falso apóstol es todo aquel que dogmatiza algo que vaya en contra del natural sentido
o significación de las Sagradas Escrituras. Mas el
natural sentido de ellas, como dice San Agustín, es
aquel que la fe sensata admite y no lo vetan otros
pasajes particulares de la Escritura. Por eso es regla
general entre los doctores católicos que toda palabra que discrepe en cuanto al sentido, aunque con-
cuerde con la letra del texto sagrado, es inadmisible
y debe ser rechazada. En cuanto a lo que atañe al
fin de la doctrina evangélica, sería la predicación
impura y opuesta a Cristo, si predicara que la persecución del Anticristo y la consumación del siglo
no se acercan. Dado que el fin de la predicación o
de la doctrina evangélica es apartar las almas de
los oyentes del amor de las cosas temporales y
atraerlas e inflamarlas hacia el deseo de las eternas
y celestiales, y es seguro que la persecución del máximo Anticristo y la consumación del siglo, cuanto
más cercanas las creen tanto más aterran a los mortales y les alejan de las cosas temporales, por ello,
el que niegue su cercanía en un sermón público y
predique su tardanza, directamente atenta contra la
doctrina de Cristo, en lo que atañe al fin, ya que
empuja a las almas de los oyentes a inclinarse en
sentido contrario al debido. Por lo tanto, quien pre-
dica cosas tales y dice que busca lo que es de Cristo, habla evidentemente en falso, dentro de la escuela católica, y muestra, con toda evidencia, que
se trata de un falso ministro de Cristo.

En quinto lugar debe ser como Cristo en el obrar,
el cual tiene que estar exento de toda maldad, porque Cristo amó la justicia y odió la maldad. Tal
ocurre cuando en nada se aparta de las reglas evan-

---

[69] II *Tes.* 2,2.

gélicas, ni al enseñar, ni al juzgar, ni al corregir, ni al condenar, ni en lo demás. Al enseñar, porque lo harán con mansedumbre; sobre lo cual dice el Señor en Mateo: *Aprended de mí que soy manso y humilde de corazón* [70]. Y el Apóstol a los Gálatas escribe: *Enseñad con espíritu de indulgencia* [71]. Al corregir lo harán, en primer lugar, como está expresado en Mateo XVIII [72], aparte y en privado; en segundo lugar, ante dos o tres testigos; y, sólo por tercera vez, en público. Al juzgar, porque no emitirá su juicio sobre cosas que no conoce, que no ha considerado perfectamente, o que son falsas o ambiguas, como se puede ver en Mateo VII [73]. Al condenar, porque de ninguna manera condenará a nadie sin escucharle, sin que haya confesado y se haya declarado culpable, como claramente aparece en Juan VII [74].

Así pues, cualquier heraldo de la verdad evangélica que coincida con el Señor en las cinco cosas que acabamos de decir es, sin lugar a dudas, un verdadero heraldo y un verdadero apóstol. Y de él puede asegurarse que ha sido enviado por Dios, pues, como dice Juan, cap. III: *El que obra el bien es de Dios* [75]. Y el Señor abiertamente expresó esto cuando acusaba a los fariseos porque no habían creído a Juan el Bautista, como se lee en Mateo XXI [76], porque muchos fariseos se negaron a crerle, ya que no hacía milagros, por lo cual no

---

[70] *Mt.* 11,29.

[71] *Gal.* 6,1.

[72] *Mt.* 18, 15-17. En la transcripción de Carreras Artau figura, por errata tal vez, la cifra XXIII, pero el Vat. Lat. 3824 lee claramente XVIII.

[73] *Mt.* 7 *passim.*

[74] *Jn.* 7 *passim.*

[75] III *Jn.* 11.

[76] *Mt.* 21, 25-32.

quisieron creer que había sido enviado por Dios. Para reprenderles dijo el Señor: *Vino a vosotros Juan predicando el camino de la justicia y no le creísteis, pero los publicanos y las meretrices le creyeron* [77], etc. Con estas palabras mostraba sin ambages que para creerle bastaba con ver que iba por el camino de la justicia, no sólo con su palabra, sino también con su celo, vida, trato y obra, como creían que David, Isaías, Jeremías, Amós y los demás profetas del pueblo antiguo, aunque no se manifestaron con milagros, habían sido enviados por Dios tanto para predicar como para enseñar. Mas quienes en las citadas cosas se opongan a Cristo, o no estén de acuerdo con El, sin duda alguna son embusteros o falsos, comportándose de alguna de las formas antes indicadas, aunque también hayan sido enviados por Cristo, como Judas Iscariote, a quien Cristo incluyó entre los demás apóstoles e incluso le envió a predicar, como aparece en Mateo X [78]. Y, sin embargo, como atestigua Juan, era un ladrón y guardaba la bolsa [79]. Queda claro, pues, por las razones ya expuestas, que todos los heraldos de la verdad evangélica que no coincidan con Cristo en estas cinco cosas, pueden razonable y católicamente ser llamados falsos apóstoles. Y puesto que de hecho se oponen a Cristo, de hecho y sin duda alguna son miembros del máximo Anticristo; sobre todo porque así se desprende de que los verdaderos ministros o apóstoles de Cristo están destinados a ser la luz y no las tinieblas, según dice el Señor: *Vosotros sois la luz del mundo* [80]; pero el fruto de la luz, como dice el Apóstol a los Efesios, está en

---

[77] *Mt.* 21,32.
[78] *Mt.* 10,4.
[79] *Jn.* 12,6.
[80] *Mt.* 5,14.

toda manifestación de bondad, justicia y verdad[81].
Al ser estas tres virtudes violadas por los arriba
nombrados, no cabe duda de que ellos tienen que
ser esas tinieblas de las que Isaías profetizó: *Espe-
rábamos la luz y he aquí las tinieblas*[82]. También
los verdaderos ministros son enviados para acabar
con el pecado, puesto que, como dice Isaías, el
fruto de la predicación evangélica es éste: que el
pecado sea apartado. Por tanto, si siembran escándalos y pecados en el pueblo con su palabra, obra
o ejemplo, es indudable que están sembrando las
cosas que iba a sembrar el Anticristo. Y por esta
razón, no sólo existen falsos apóstoles, sino también verdaderos miembros del máximo Anticristo.

Eso es lo que pienso y mantengo sobre los verdaderos y los falsos apóstoles, sin perjuicio de una
opinión mejor. Y para que no parezca a causa de
esto que por espíritu de presunción se siembra más
para destruir que para edificar, suplico humilde-
mente al reverendo padre y pastor actual de la
iglesia gerundense[83], y por la sangre de Jesucristo
a cuyo servicio está, con insistentes súplicas le
pido que la verdad católica no quede oscurecida entre la gente sencilla por obra de algún ignorante o
malvado; que advierta o exija a todos los teólogos
de su diócesis que le preparen y envíen los escritos
que en algo pudieran atacar mis palabras, ya sean
las leídas aquí, o las de alguna de las cuatro obras
precedentes ya editadas sobre el mismo tema. Y que
haga escribir las objeciones presentadas y me las
envíen cerradas con su propio sello, para que no
puedan ser adulteradas por ningún artificio mío o

---

[81] *Ef.* 5,9.
[82] *Is.* 59,9.
[83] Bernardo de Vilamarí

de otro. Y desde este momento, me ofrezco y prometo públicamente, y con esta promesa me obligo a explicar o contestar fiel y diligentemente al susodicho señor las posibles réplicas que se me hagan y cuantas veces fuera requerido por dicho señor y pastor. Y ya que un ministro de la verdad, es decir, un prelado, debe instruir a los ignorantes, disipar las vacilaciones de los que dudan, desconcertar a los díscolos y rebeldes, descubriendo su maldad ante los inocentes y crédulos, me ofrezco al pastor y a la Iglesia, arriba indicados, a acudir a su llamada, si se me concede tiempo suficiente para venir, siempre que quieran celebrar una discusión pública sobre cualquier artículo concerniente al tema ya citado. Para que quede también testimonio perdurable de este acto y para que ningún enemigo o rival pueda utilizar estas palabras mías o desfigurarlas sembrando cizaña, os requiero don Besulono Burguesio, notario gerundense por la autoridad real, a fin de que, en nombre del rey y por oficio, todas estas cosas leídas por mí ante el venerable colegio aquí presente las redactéis para pública utilización. Y a todo el que la pidiere, entreguéis una copia sin menoscabo de la retribución de vuestro trabajo.

Fin de las puntualizaciones sobre los verdaderos y falsos apóstoles. Bendito sea Dios.

Primera denuncia al obispo de Gerona

Comienza la primera denuncia gerundense contra el hermano predicador Bernardo de Podio Cercoso.

Ante vos, reverendo obispo de Gerona, padre y señor, yo, el maestro Arnaldo de Vilanova, expongo que he oído, a través de personas dignas de crédito, que cierto hermano predicador, de nombre Bernardo de Podio Cercoso, hace poco, en una audiencia vuestra, tratando con empeño de zaherir e impugnar algunas afirmaciones de mis obras, difundió no sólo muchas falsedades, sino también muchos errores. Y ya que error que no se ataca se tolera, y que una verdad que poco se defiende se oculta, por tanto, intentando informar adecuadamente a vuestra paternidad, según las cosas que se me han referido acerca de la corrupción de las palabras del ya citado hermano, os notifico que, a juzgar por lo que dicen, ha declarado que Dios no puede dar a conocer los tiempos finales del siglo a causa del orden que ha impuesto a la actuación de su potencia. Esta afirmación es sacrílega y herética, pues tanto literalmente como por su sentido, contradice el texto sagrado. En efecto, el Señor, en Mateo, dice clara-

mente que para Dios todas las cosas son posibles [1].
Mas todo lo que hay en Dios y a El concierne, está
ordenado. Y no puede caber en El ningún desorden
según lo que el Apóstol dice en la epístola a los
Romanos de que cuanto existe por Dios ordenado
está [2]. En consecuencia, quien afirma que Dios puede lo que hemos dicho, pero no según un poder
ordenado, o supone que en Dios existe un poder des-
ordenado, o comete una abierta contradicción, a
saber, que Dios puede y no puede algo. Y quien
así habla es de los que dice el Apóstol en la primera epístola a Timoteo que se «extravían en vana
garrulería» [3] y queriendo ser doctores de la ley, no
entienden las cosas de las que hablan y sobre las
cuales se atreven a hacer afirmaciones, es decir, no
se entienden a sí mismos, porque sacudidos por el
espíritu de la presunción, se convierten en demen-
tes o locos. Y puesto que no son capaces de com-
prenderse a sí mismos, menos van a comprender a
los demás.

Así mismo se cuenta que ha dicho que en nada
aprovecha a la Iglesia, e incluso pudiera serle peligroso, conocer de antemano el tiempo de la persecución del máximo Anticristo, pero que es útil
saber previamente cuánto durará. Esto no sólo es
una falsedad y un error, sino también una depravación. Falsedad y error es, puesto que va en contra
de la doctrina de la sagrada escritura. En la cual
abiertamente se dice que toda persecución conocida
de antemano o prevista hace menos daño a los que
la padecen, como expusimos detalladamente en la

[1] *Mt.* 19,26.
[2] *Rom.* 13,1.
[3] I *Tim.* 1,6.

primera parte de la primera obra, especialmente por
medio de las palabras de Ezequiel y Jeremías, y
sobre todo en el párrafo *speculatoris enim of-
ficium* [4]. Pero la perversidad de su afirmación queda
patente por el hecho de que saber cuánto durará
una persecución sólo es útil para los que la van a
padecer cuando se presenta breve, pues con el conocimiento de su brevedad se consuelan y, además,
se fortalecen en su constancia. En cambio, conocer
previamente cuándo ocurrirá resulta útil también
a los que se aproximan a ese tiempo, para que, con
miras a su constancia, se pertrechen de antemano
con las armas de las virtudes y de la religión cristiana. Y por tanto nuestro señor Jesucristo, que
nunca falta a los suyos en las situaciones críticas,
anunciará a través de sus siervos ambos tiempos,
a saber, el tiempo durante el cual estará en su apo-
geo y el tiempo de su duración, no sólo a través de
aquellos cuyas palabras están escritas en el canon
de la Biblia, sino también mediante otros muchos,
como, por ejemplo, la evangélica virgen de Eritrea [5],
cuyas palabras el bienaventurdao Agustín aprueba
en el libro XVIII de *Sobre la ciudad de Dios* y de
cuya profecía toma las señales del juicio [6]. Por otra
parte, a través del bienaventurado Cipriano, y finalmente a través del bienaventurado Cirilo [7], cuya revelación es más valiosa que todas las sagradas escrituras, ya que un ángel le inspiró el escrito desde
el cielo. Mas todas estas cosas arriba descritas están ampliamente delatadas hacia la mitad de la

---

[4] Se refiere a su obra *De adventu Antichristi*.
[5] Cita en la línea de la legendaria creencia, muy aceptada en la
Edad Media, del cristianismo de la Sibila de Eritrea.
[6] Cf. *PL.*, XLI, col. 579-581, que reproduce las profecías de la
Sibila.
[7] Nueva referencia a la literatura medieval de revelaciones.

Apología [8], donde incluso con el dedo se señala la
falsedad y la ignorancia de los que dicen que el
tiempo de la susodicha persecución no lo reveló
Dios ni a los apóstoles ni a los profetas. Asimismo
se señala allí, por medio de la Sagrada Escritura,
que las cosas futuras no se revelan a los elegidos
en cualquier momento, sino tan sólo cuando conviene. Y también que las revelaciones no se hacen
según la dignidad del que las recibe, sino según el
deseo del que la otorga, como se expresa allí mismo
mediante ejemplos del sagrado canon.

Cuentan, además, que el citado hermano afirmó
que con aquellas palabras: *No os incumbe a vosotros conocer* [9], etc., Dios negó de modo absoluto a
los apóstoles y discípulos la revelación sobre los
tiempos finales. Y aunque aquellas palabras no se
refieren al tiempo del Anticristo, como es evidente
tanto por el texto como por la *Glosa*, sin embargo
conviene saber por qué tal explicación está llena de
ignorancia y de error. Resulta obvio, en primer lugar, por lo que respecta al verbo *nosse*. En efecto,
ya que nada improcedente, inútil o sin sentido sale
de la boca de Dios, es necesario que *nosse* se refiera allí al tiempo pretérito. Aunque es cierto que
conocer *(noscere)* denota pura y simplemente de
forma indefinida tiempo presente. Pero *nosse* no
sólo conviene al presente, sino, sobre todo, al pretérito. En consecuencia, si Cristo al decir *nosse* y
no *noscere* quiso utilizar un verbo que indicara exclusivamente el tiempo presente, o ignoraba que el
verbo de tal característica es *noscere*, por lo cual

---

[8] Se refiere a la *Apología de versutiis et perversitatibus pseudotheologorum et religiosorum*, varias veces citada en esta obra.
[9] Cp. *Act.* 1,7.

no lo empleó, o quiso equivocar a los que le pre-
guntaban, o lo hizo por alguna razón de conveniencia o necesidad. Mas crer o afirmar las dos primeras
posibilidades es cometer herejía y profanación. Por
tanto queda el hecho de que quien dice que utilizó
allí *nosse* en lugar de *noscere,* o tendrá que explicar
la razón de conveniencia o necesidad que le obligó
a ello, o si no lo hiciere, será sin duda un truhán
falso y embustero, que intenta seducir a los que le
escuchan. En segundo lugar resulta evidente que la
aludida explicación está llena de ignorancia y error
en lo que se refiere al pronombre *vestrum.* Porque
una cosa es decir: «No conoceréis», y otra muy distinta: «A vosotros no incumbe conocer.» Pues al
decir: «No conoceréis», simplemente se niega la posibilidad de conocer. Pero al decir: «No os incumbe
conocer», el sentido es más exclusivo: no podéis
conocer por vuestros medios. A menudo empleaba el
Señor esta forma de hablar, y de manera especial
cuando dijo: *No sois vosotros los que habláis, sino
el espíritu de vuestro Padre quien habla en vosotros* [10]. Como después de esto seguían hablando, el
Señor no pretendía decir que no hablaban, sino que
sus palabras no procedían de la brillantez de su
inteligencia natural, sino de la inspiración divina,
como se explica en la segunda obra, *Ex predictis* [11].
Por tanto, aunque les negara con aquellas palabras
el conocimiento de los tiempos finales, lo hace por
lo que se refiere al poder de la razón humana, pero
no en cuanto a la gracia de la revelación divina.
Queda esto claramente expuesto mediante la adver-
sativa que inmediatamente añadió al decir: *Mas re-
cibiréis la fortaleza del Espíritu Santo que ha de*

[10] *Mt.* 10,20.
[11] Alusión al *De cymbalis Ecclesiae.*

venir sobre vosotros [12], etc. Acerca del envío del Espíritu Santo, expresamente les informó según escribió Juan: *Os enseñará toda la verdad* [13]. Y de nuevo: *Os anunciará lo que ha de venir* [14]. Por lo cual es también evidente que el teólogo que ignora esto, o lo calla, es un pastor embustero y falso. En tercer lugar se manifiesta lo dicho anteriormente en el relativo *que*. Ya que Cristo no negó mediante aquellas palabras la posibilidad de conocer todos los tiempos, sino tan sólo los que el Padre se reservó. Pero qué tiempos sean ésos, lo expresa cuando dice: *Mas sobre aquel día y hora*, a saber, de la consumación, del juicio o de la muerte, como allí mismo aclara la *Glosa, nadie sabe* [15], etc. En efecto, como se muestra en el parágrafo ya indicado, perteneciente a la segunda obra [16], cuando se dice a los prelados inferiores: «No os incumbe disponer en las cosas que el Papa ha retenido bajo su potestad», sería ser necio o comportarse como un boyero, deducir de estas palabras o que los prelados inferiores no tienen autoridad para administrar ningún caso, o que el Papa no puede otorgar como quiera la autoridad de administrar los casos a él reservados. Y por estas afirmaciones queda claro el significado de las palabras del bienaventurado Agustín, cuando dice que no se puede encontrar ningún profeta que haya precisado sobre el fin del mundo. Pues el fin del mundo coincide exactamente con el día y la hora del juicio, temas sobre los cuales ningún profeta hasta ahora ha manifestado conclusión alguna.

Le atribuyen también la afirmación de que me-

---

[12] *Act.* 1,8.
[13] *Jn.* 16,13.
[14] *Jn.* 16,13.
[15] *Mc.* 13,32.
[16] El *De cymbalis Ecclesiae*.

diante las palabras: *Señor, ¿acaso es en este momento cuando vas a restaurar el reino de Israel?* [17],
los apóstoles preguntaron al Señor por mera curiosidad, diciendo que con ello los apóstoles tentaron
al Señor. De donde se deduce claramente que es un
pérfido, pues trastoca y equivoca las palabras de
aquel al que imita, o ignora la diferencia existente
entre curiosidad y tentación. En efecto, la curiosidad es un inquieto deseo de adquirir conocimiento
de algo. Pero tentar es, sobre todo, probar si uno
puede, quiere o sabe algo sobre alguna cosa, lo cual
no puede realizarse sin una duda o desconfianza es-
condida, de las cuales ni la una ni la otra se dan
en el curioso.

Se dice, además, que para mostrar claramente
que los tiempos finales no se manifiestan a los hombres, añadió que todo tipo de revelación de los secretos de Dios se hace sólo por medio de los ángeles. Y aduce como prueba que, si los ángeles desco-
nocen los tiempos finales, según lo atestiguan las
palabras del Señor: *Ni los ángeles del cielo* [18], etc.,
tampoco los hombres los conocerán. Esta es una
razón, aunque no tenga valor en lo referente al tiempo del Anticristo, sino solamente en cuanto al día
y a la hora del juicio, como el Señor fijó claramente
cuando dijo: *Mas sobre aquel día y hora* [19], sin embargo, ya que su afirmación está llena de errores
profanos y de la ignorancia propia de un boyero,
hay que hacer constar que los secretos de Dios no
sólo se revelan a los hombres por medio de los ángeles, como a la bienaventurada Madre de Dios, a
Zacarías, a Juan el Evangelista y a otros muchos

---

[17] *Act.* 1,6.
[18] *Mc.* 13,32
[19] *Mc.* 13,32.

en el Antiguo Testamento, sino que algunas veces
las revelaciones se hacen a través de hombres. Por
este motivo, el Apóstol dice a los Efesios: *A mí, el
más pequeño de todos los santos, me ha sido concedida esta gracia: evangelizar entre las gentes las
insondables riquezas de la gracia de Cristo, para que
por medio de la Iglesia se dé a conocer a los prin-
cipados y potestades en los cielos la multiforme sabiduría de Dios* [20], etc. A veces los secretos divinos
son revelados a los hombres directamente por Dios
mediante el Espíritu Santo. De esta manera reci-
bieron los Apóstoles el día de Pentecostés la revelación o conocimiento de las lenguas y la comprensión de todo el Antiguo Testamento. Según este medio, les fue hecha la revelación a muchos profetas,
como dice el Salmista: *Quiero escuchar lo que dice
en mí el Señor nuestro Dios* [21]. De esta forma dice
el bienaventurado Pablo que le fue revelado el Evangelio. Ya Jeremías había profetizado que así ocurri-
ría cuando dice: *En aquellos días pondré mi ley en
su interior y la escribiré en su corazón* [22]. Todavía
más claramente lo dice Joel: *Derramaré mi espíritu* [23], etc. Por eso dice el Señor en Mateo: *No sois
vosotros quienes habláis, sino el espíritu de vuestro
Padre* [24], etc. Luego, el que afirma que cualquier
revelación de los secretos de Dios se hace a los hombres a través de los ángeles, no sólo demuestra que
desconoce la Sagrada Escritura, sino también lo
que el vulgo conoce habitualmente gracias a la fe.
Pero, al aducir tales palabras del Señor, pone de
manifiesto su villanería. Pues el Señor no dijo: «Na-

---

[20] *Ef.* 3,8 y 10
[21] *Ps.* 84,9.
[22] *Jer.* 31,33.
[23] *Joel* 3, 1-2.
[24] *Mt.* 10,20.

die sabrá nada sobre el día y la hora», sino: *nadie sabe*. Por lo cual, como las palabras son ajustadas y comedidas, queda claro que, a través de ellas, no puede saberse lo que no se revelará a los hombres o a los ángeles en el futuro, sino lo que entonces aún no se había revelado. O bien ese charlatán tendría que probar que el Señor había usado hábilmente el presente en lugar del futuro.

Refieren también la explicación dada por él de que en aquellas palabras: *sobre el día y la hora*, etcétera, el Señor entiende por día y hora el tiempo entero. E intenta probarlo mediante las palabras de Marcos sobre el fin: *Porque no sabéis cuando llegará el momento* [25]. Por muchas razones se evidencia cuanta ignorancia o falaz ligereza contiene esta afirmación. En primer lugar por el texto mismo, puesto que el tal embaucador no expresa más que el final y omite decir todo lo que le antecede, como cuáles van a ser los precursores del Anticristo, según se indica en la tercera obra [26]. Las palabras del Señor que aparecen allí escritas son: *Y nadie sabe lo referente a aquel día y hora, ni los ángeles del cielo, ni el Hijo de Dios, sino sólo el Padre*. Y a continuación: *Estad atentos, vigilad y orad, pues no sabéis cuando llegará el momento* [27]. Por tanto, al haber expresado el día y la hora y seguidamente el tiempo, ya que en un recto razonamiento el consiguiente no se extiende más de lo que le permite el antecedente, está claro que mediante aquella afirmación no puede probarse que el Señor por el día y la hora entienda el tiempo entero. Esto aparece allí más claro, y se explica con todo detalle en la *Apo-*

---

[25] *Mc.* 13,33.
[26] Cita de su *Philosophia catholica et divina*.
[27] *Mc.* 13, 32-33.

logía [28], puesto que un poco antes dice: *estad en vela, ya que desconocéis cuándo va a venir el Señor, si al crepúsculo, a medida noche, al canto del gallo o por la mañana* [29]. En estas palabras no hizo otra mención que la referente a las distintas horas del día. Al callar subrepticiamente el susodicho alegador todas estas cosas, no cabe duda de que está ciego o es un embaucador. Que su ceguera es ignorancia de las sagradas palabras o bien malicia, se manifiesta con gran claridad por estos dos hechos: primero, porque ninguna glosa amplía aquellas palabras más de lo que requiere su propio significado; segundo, porque, según la costumbre de la Sagrada Escritura, hay a veces que interpretar el tiempo en singular y el tiempo en plural por año y años, como en: *por el tiempo, los tiempos y la mitad del tiempo* [30]. A veces también se debe interpretar horas, como en la Epístola a los Gálatas, donde dice: *Observáis los días, los meses, los tiempos y los años* [31]. Puesto que distingue tiempos de días, meses y años, no hay duda de que allí no está tomado por ninguno de ellos.

Afirman, además, que con relación a la profecía de Daniel: *Desde el tiempo en que cese el sacrificio perpetuo y sea establecida* [32], etc., dijo que quien cambia esta copulativa «y» (*et*) por «hasta que» (*usque*) violenta la escritura. Lo ridículo de esta objeción queda claro, tanto por la integridad gramatical, como por las sagradas afirmaciones que

---

[28] Es la ya citada *Apologia de versutiis*, etc.
[29] *Mc.* 13,35.
[30] *Per tempus et tempora et dimidium temporis.* Referencia no localizada.
[31] *Gal.* 4,10. Obsérvese que Arnaldo fuerza el texto.
[32] *Dan.* 12,11.

aparecen hacia la mitad de la *Apología, cuando os dicen que se hace violencia a la copulativa,* etc.

Le atribuyen también haber afirmado que el verdadero apóstol o heraldo de la verdad evangélica no debe poseer necesariamente la caridad. Lo abominable de esta afirmación es evidente, puesto que en el texto de las Sagradas Escrituras se distingue expresamente entre lo que se requiere para la autenticidad de lo que se anuncia y para la autenticidad del que anuncia. Por lo que se refiere a la autenticidad de lo anunciado, no es necesaria la caridad en el heraldo, sino únicamente la autoridad para comunicarlo. Como se lee sobre Caifás que sin caridad, puesto que odiaba a Cristo, evangelizó al decir: *Es preferible que muera un solo hombre en favor del pueblo* [33]. De igual manera Balaam, que era infiel e impío, sin embargo, enviado e inspirado por Dios, profetizó magníficamente sobre el Salvador. También Judas Iscariote, que carecía de caridad, sin embargo, en calidad de ministro de Cristo, anuncio o predicó la verdad. Pero con respecto a la autenticidad del heraldo es indispensable la caridad, pues sin ella no cabe duda de que es un falso heraldo, ministro o apóstol. Como Juan atestigua con precisión al comienzo de su primera epístola canónica, donde afirma: *Quien dice que ha conocido a Dios y no guarda sus mandamientos es un embustero y la verdad no está en él* [34]. Nos consta que todo heraldo evangélico dice que ha conocido a Dios, ya que anuncia lo que a Dios se refiere, pero si no tuviera caridad, con toda certeza no guarda los mandamientos de Dios. Por tanto, como dice Juan, es un embustero y no hay verdad en él. Así pues, salta

---

[33] *Jn.* 18,14.
[34] I *Jn.* 2,4.

a la vista que quien dice que la caridad no es necesaria para la autenticidad del heraldo, o es un desconocedor de las Sagradas Escrituras, o, como dice Isaías, es un perro desvergonzado, que no vacila en mentir por gusto de llevar la contraria, o por envidia, o porque neciamente intenta que se le tenga por sabio [35]. Pues si alguien pudiera llegar a ser auténtico heraldo de Cristo sin caridad, cualquier diablo podría serlo. Por tanto, os resultará sin duda evidente (y podéis además recibir una amplia información mediante los teólogos de la orden del bienaventurado Francisco pertenecientes a vuestra diócesis o a la vecina) que quien difunde tales afirmaciones habla en contra del texto del sagrado canon, tanto en cuanto a la forma como en cuanto al sentido, no captando ni las hojas ni el fruto de las palabras. Y quien sin el freno del rubor o de la modestia propia del religioso trastoca y corrompe las palabras rectas, no hay duda de que, salvo que su excusa sea la locura, no sólo es engañador, sino también pernicioso, ya que se afana por engreír e inficcionar los corazones de quienes no pueden emitir juicio sobre sus afirmaciones. Y acerca de ellos dice el Apóstol a los Romanos que, mediante dulces palabras y adulaciones, engañan a los corazones ingenuos [36]. Cuán perniciosos son estos hombres se ve claramente por la profecía del Apóstol sobre estos tiempos, como expuse al final de la *Apología,* y lo refiere Judas en su epístola [37], donde abiertamente dice que esta clase de engañadores se separan ellos mismos de los demás fieles, a saber, por el hábito y por la observancia regular. De ellos dice que vituperan todo lo que no entienden, y son

[35] *Is.* 56,11.
[36] *Rom.* 16,18.
[37] *Judas* 1,16.

depravados en lo que conocen por instinto como
las bestias irracionales. Y cuán grande es su depravación lo explica luego al decir: *¡ay! de ellos*, porque anduvieron el camino de Caín [38], etc.; y así, claramente, muestra que son envidiosos como Caín,
codiciosos de infame lucro como Balaam, pérfidos
y rebeldes como Coré, glotones, volubles, inútiles,
agitadores, vacilantes e inconscientes, murmurado-
res, quejumbrosos, charlatanes, soberbios y que adu-
lan a las personas por interés. Por tanto, ya que
sin duda existen tales individuos, adversarios y des-
tructores de la religión o de la verdad católica, y
enemigos de la Santa Madre Iglesia de Cristo y de
la Sede Romana, en bien de Nuestro Señor Jesucristo y de la Sede antedicha, como servidor y siervo
suyo, humilde y reverentemente os pongo en ante-
cedentes y os pido con insistencia que os apresuréis
a ordenar silencio al arriba indicado, por mediación
vuestra o de sus propios prelados, para evitar el
peligro de vuestra grey. Yo, por mi parte, le conmi-
no con el presente escrito para que comparezca a
una audiencia en la Sede Romana antes de la ya
próxima septuagésima, con el fin de que allí se jus-
tifique. Y a vos, como leal hermano del Romano
Pontífice y fiel ministro de la Sede Romana, os ruego que le notifiquéis este requerimiento mío con el
testimonio del escrito presente, citándole para que
comparezca en la susodicha Sede dentro del plazo
fijado. Doy fe, asimismo, de que en defecto vuestro
requeriré en este asunto al reverendo padre don Ro-
drigo Tello, metropolitano en la sede de Tarragona.
Para que yo pueda dar fe de todas estas cosas
a la Iglesia y Madre ya indicada, solicito de vos,
don Besulón Burguesio, notario gerundense por la

---

[38] *Judas* 1,11.

autoridad real, que recojáis todo lo leído aquí públicamente por mí, y deseo que de ello hagáis copia para todo el que la pidiere.

Segunda denuncia al obispo de Gerona

> *Comienza la segunda denuncia contra el mismo hermano predicador Bernardo de Podio Certoso.*

En vuestra presencia, reverendo padre y señor Bernardo, obispo de Gerona por la gracia de Dios, yo, el maestro Arnaldo de Vilanova, notifico que se me ha hecho conocer, no sólo a través de seculares, sino también por medio de regulares, que el hermano Bernardo de Podio Certoso no cesa de impartir en vuestra diócesis, bajo el pretexto de predicar el Evangelio, falsedades y errores, como las que ya alguna vez en presencia vuestra impartió. Por lo tanto, puesto que ya evangélicamente os he advertido, tanto por lo que respecta a nuestro Señor Jesucristo y a la Sede Apostólica, como por el deber pastoral al cual conviene propia y principalmente dirigir las ovejas a él encomendadas, de suerte que, de ninguna manera se dejen embaucar por la falsa predicación de nadie ni se alejen del conocimiento de la verdad divina, os advertía, digo, que salierais rápidamente al paso de este enorme peligro que acecha a vuestras ovejas, imponiendo silencio al falso predicador, del cual ya vuestros oídos han dado fe, pues se dice que descaradamente había declarado que la caridad no es necesaria para la autenticidad del heraldo evangélico, afirmando con esto que cualquier diablo podría llegar a ser un verdadero heraldo del Evangelio, aunque, contrariamente, el Señor diga en Juan que no hay verdad en el diablo, sino que es mentiroso y padre de la mentira [1]. También se le atribuye el haber afirmado que todo lo que Dios revela a los hombres lo hace por mediación de los ángeles, negando tácitamente con ello la venida del Espíritu Santo a los apóstoles y discípulos del Salvador, y declaró otras muchas falsedades que se oponen al texto sagrado, por lo que podéis emitir de antemano un violento juicio en contra suya, porque si no tuvo ningún empacho en declarar en presencia vuestra tantos errores y mentiras, con mayor firmeza tendrá pensado impartir más falsedades y errores ante un auditorio ignorante.

Puesto que desconozco lo que habréis hecho con relación a tales afirmaciones para cumplir con vuestro ministerio, y ya que como servidor de la Sede Romana estoy obligado mediante juramento a intentar destruir con arreglo a mis fuerzas cualquier cosa que yo observe que alguien hace o intenta hacer para vituperio, perjuicio o desprecio de la Sede ya indicada, es por ello que, deseando cumplir con mi deber de fidelidad para con el Cordero Celestial [2] y la madre antes mencionada, de nuevo os hago el llamamiento, con el testimonio del presente escrito, para que, como pastor evangélico de la diócesis de Gerona y vicario de la Sede Romana en dicha diócesis, salgáis al paso del peligro que arriba os anuncié, sobre todo porque no puede de ninguna manera excusaros de hacerlo el miedo al escándalo.

---

[1] *Jn.* 8, 44.
[2] El Romano Pontífice, el Papa.

Pues todo pastor evangélico sabe por las enseñanzas del Salvador que, acerca del escándalo, Mateo [3] hace distinciones en su Evangelio. Por lo cual, el pastor de la Iglesia no tiene, cuando lleva a cabo el cumplimiento de su deber, que temer el escándalo en el que tan sólo los hombres, y no Dios, resultan afectados, que era la clase de escándalo que se suscitaba cuando el Salvador censuraba a los fariseos. Sino que sólo debe temer el escándalo en el que resultan perjudicados Dios y los hombres, pues únicamente sobre tal escándalo afirmó nuestro Señor Jesucristo: *¡Ay de aquél por el que se origina el escándalo!* [4]. Por tanto, ya que en lo expuesto el deber pastoral defiende solo y exclusivamente lo que es de Dios frente a los embusteros y perniciosos del pueblo cristiano que no siguen rectamente el camino de la verdad evangélica, y a mí me consta que vos no ignoráis la verdad evangélica en las cosas anteriormente referidas, y no es justo creer, ni siquiera pensar, que vos ejerzáis vuestro ministerio con infidelidad para la causa de Cristo y la Sede Romana, una y otra vez os ruego, y evangélicamente reclamo vuestra atención para que tan pronto como esté en vuestras manos os apresuréis a imponer silencio al pernicioso predicador arriba descrito y a sus cómplices.

Y puesto que a vos os consta que el hermano Bernardo antes mencionado ya leyó una vez ante vos, después de la publicación del *Eulogium* [5], por el cual se le convocaba públicamente a presencia vuestra, una declaración o cédula que contenía objeciones en contra de las afirmaciones hechas en mis es-

---

[3] *Mt.* 23 *passim.*
[4] *Mt.* 18, 7.
[5] *Eulogium,* es decir, la declaración inicial de la presente polémica.

critos, e incluso vos inmediatamente después de la
lectura le pedisteis, como por vos mismo me enteré,
que aquellas cosas exactamente igual que las había
leído os las comunicase por escrito, y no quiso hacerlo, según pude saber por vuestro relato, ni co-
municároslas ni enviároslas por escrito, pretextan-
do que, como sólo era hermano menor, y aún no
había corregido lo que había leído en presencia
vuestra, de ningún modo haría una copia de ello,
sobre todo dado que no había sido aprobado por
los superiores de su orden. Mas luego, en los días
que siguieron, atestiguó ante vos que él estaba dispuesto a enviar sus afirmaciones por escrito a París
o a un auditorio de Roma, y así, escurriéndose con
ardides de astucia propia de un zorro de vuestro
justo requerimiento, más tarde, en Castellón de Ampurias mostró al pueblo, sin la menor instrucción,
la prueba de su testimonio falseado y simulado, jac-
tándose de haber tenido éxito, y no se os oculte que
tal individuo es, no sólo de piel cambiante y escu-
rridiza como una anguila, sino que al estar especialmente dotado de una diabólica perversidad, profana con notoria desvergüenza, no sólo las señales del
Salvador, sino, aún más, las de su maestro, el bienaventurado Domingo, cosas por las que no cabe
duda de que no es únicamente un falso predicador,
sino también un perverso y además ministro y verdadero miembro del malvadísimo Anticristo, y ningún pastor con pleno conocimiento y que vele por
la tranquilidad de su grey, puede tolerar a un hombre tal en el desempeño de la tarea de predicar,
puesto que ve palpablemente que un lobo está abu-
sando de sus ovejas, una vez más os aviso evangélicamente en defensa de Nuestro Señor Jesucristo
y de la Iglesia Romana, y con especial insistencia
os hago este llamamiento a fin de que no demoréis

el ordenar y prevenir a todos los rectores eclesiásticos de nuestra diócesis, que no admitan al arriba
indicado en el ejercicio de la predicación, hasta que
sean informados totalmente por mediación vuestra
acerca de su canónica corrección.

Sobre esta advertencia y petición o sobre cuanto
pueda, conservándolo, servirme de prueba de fidelidad a la Sede antes mencionada, os ruego, don Raimundo de Cote, notario público de Gerona por la
autoridad real, que os hagáis cargo de esta cédula
sobre mi advertencia y petición, leída por mí en
persona públicamente. Y quiero que, para todo el
que la pida, se haga copia de ella y se hagan cuantas pruebas públicas de la misma por mí o mi procurador se os pidiesen.

Tercera denuncia al obispo de Gerona

En vuestra presencia, reverendo señor don Guillermo Raimundo de Flaciano, que desempeñáis el cargo de oficial gerundense, declaro, y en esta declaración, yo, el maestro Arnaldo de Vilanova, afirmo que de ninguna manera me siento obligado a responder en juicio a la acusación presentada contra mí por los Hermanos Predicadores del convento gerundense ante el señor Obispo de Gerona, de quien ahora hacéis las veces, no sólo por las causas y demás razones expuestas a dicho señor en los procesos públicos, tanto el de la acusación como el de mis declaraciones, procesos en los que especialmente insisto y me ratifico ahora una vez más, sino, sobre todo, por otra causa o razón, acerca de la cual recientemente he sido informado con toda exactitud, a saber, que los Hermanos Predicadores arriba citados no deben ser escuchados ni siquiera admitidos en este juicio, ya que son heréticos, locos o infames notorios. Pues han dicho en sermones públicos y solemnes, en algunas iglesias de la ciudad de Gerona, según lo refieren muchas personas dignas de crédito, que acerca de la verdad divina no debe creerse más que a los obispos, a los predicadores y a los menores; palabras con las que, no sólo infirieron una clara blasfemia contra los canónigos de las sedes catedralicias y contra los rectores de las iglesias, sino también contra todos los restantes órdenes del mundo católico. Dijeron también, en algunas iglesias de la ciudad antes citada, como lo refieren muchos dignos de crédito, que al casado no debe creérsele cuando habla sobre la verdad divina. En esta afirmación, no sólo se encierra una blasfemia contra el sacramento del Matrimonio y contra el estado matrimonial, que goza de gran estima dentro del mundo católico, sino que también se difunde una abominable e impía blasfemia contra Nuestro Señor Jesucristo, que confirió el primado de la Iglesia a un casado, el bienaventurado Pedro, y le nombró doctor universal de la verdad evangélica. Dijeron también que sobre esta materia no debe creerse al médico, con lo cual no sólo se blasfema contra Nuestro Señor Jesucristo, que hizo evangelista suyo a un médico, Lucas, acerca de quien dijo el apóstol que en todas las iglesias era alabado por su *Evangelio* [1], sino sobre todo se blasfema impíamente contra la Iglesia entera, puesto que la Iglesia universal admite las palabras de aquel médico, no sólo en el Evangelio, sino también en los *Hechos de los Apóstoles.* Dijeron, además, como lo refieren muchas personas dignas de ser creídas, que aquel médico [2], contra el que hablaban, nunca oyó teología, afirmación que constituye una notoria falsedad que no se avergonzaron de difundir, ya que ellos mismos saben, como lo saben también muchos católicos, que aquel médico, no sólo oyó teología, sino que además sobre esta materia hizo una lectura solemne en las escuelas de los Hermanos Predicadores de Montpellier. Por tanto, ya que no se

---

[1] II *Cor.* 8, 18.
[2] El propio Arnaldo

avergonzaron de ultrajar con gran deshonestidad en un sermón público en las antedichas iglesias, los estados habituales de la mayoría católica, que, si no formasen parte del cuerpo de Cristo, Cristo no les hubiera concedido gustosamente el don de la sabiduría, de la ciencia o de cualquier otra cosa, ni se avergonzaron de ultrajar, digo, a la Iglesia universal de Cristo y al mismo Cristo, ni tampoco les causó embarazo el difundir públicamente una patente falsedad, no cabe duda que tienen frente de prostituta, como dice Jeremías [3]. Y según dice también Isaías [4], son como perros impúdicos, y aún más, según dice el Señor en Mateo [5] son serpientes, raza de víboras, a saber, que destilan o vomitan veneno dañino de sus vísceras. Mas, nadie que se cuente entre el número de los católicos puede caer en tan profana e impía perversión a no ser que esté poseído por la locura o que sea un herético o quizás un histrión, de los que hablan en público grotescamente y con bellaquería, y a todos los que son así las leyes y los cánones les excluyen de un juicio y de los demás actos legales. Por eso yo, el llamado maestro Arnaldo, como dije antes, declaro y afirmo que en ningún juicio tengo que responder a los susodichos hermanos de ninguna reclamación por injuria, ya que todas las leyes niegan en este caso concreto el derecho de una acción judicial a los locos, a los heréticos, a los bellacos y a los histriones. Mas no creo que vos, respetable señor, ignoréis qué terrible deshonra y qué gran infamia se procura el pastor que tolera en su propia diócesis que tales malvados prediquen, pues por estas o semejantes cosas no edifican al pueblo en Cristo, sino que destruyen lo

---

[3] *Jer.* 3,3.
[4] *Is.* 56,11.
[5] *Mt.* 23, 33.

edificado por la pureza de su fe. Por tanto, para
que de ninguna manera se entibie en el señor obispo de Gerona el celo de su misión pastoral, a vos,
que hacéis sus veces, y a él, en vuestra persona
evangélica, de nuevo denuncio dos gravísimos errores que el hermano Bernardo de Podio Cercoso difundió hace poco, como públicamente se comenta
en Castellón de Ampurias [6] y en lugares vecinos. Entonces por primera vez incurrió en una deformación
herética. Pues dijo en un sermón público, según se
cuenta, que, si un ángel bueno se le apareciera mientras estuviera alzando el Cuerpo de Cristo y le anun-
ciara el fin del mundo, no le creería, afirmando con
ello claramente que un ángel bueno podía mentir
y, por consiguiente, no era digno de fe, con lo cual
ponía en duda todas las revelaciones que la Iglesia
Católica enseña fueron hechas por Gabriel y otros
ángeles buenos de Dios. El segundo error fue enorme, según las cláusulas canónicas, ya que, mientras
en un acto decía unas palabras previas acerca del
tema de su sermón, con gran prolijidad nombró a
algunas personas para calumniarlas. Pero, a fin de
facilitaros a vos y al venerable señor el camino a
seguir en el desempeño de vuestra misión pastoral,
he aquí los nombres de las personas, algunas de
ellas ilustres, que oyeron al susodicho hermano pro-
ferir violentamente las ya expresadas abominacio-
nes: P. Bous, sacristán mayor; P. Clerico, sacristán
menor; Castilion Terremal, hebdomadario; B. Ba-
lesterio, clérigo; Guillermo Bernardo, clérigo; Berenguer Joverio, clérigo; todos ellos presbíteros de
la iglesia de Castellón; los hermanos Pedro y Hugo
Bous; Guillermo Dominico, jurista; Guillermo Bo-
rrassano; Poncio Tabon, jurista; Bartolomé Brudelo,

---

[6] Villa del departamento de Figueras, provincia y diócesis de
Gerona.

todos de Castellón, y otros muchos no enumerados hasta el momento. Afirmo también que, como la Santa Madre, la Iglesia Romana, manda y cuida diligentemente de que todo católico pueda e incluso deba denunciar el ultraje y la subversión de la verdad evangélica, y a la vez proscribir a las personas que los cometen, por cuanto así lo merecen, que también controlen el que los propios denunciantes no lleguen a incurrir en injurias, porque de este modo se protege a los herejes, y todos los que así obren y estén de acuerdo en ello, muestran y dan señales de ser ellos mismos protectores de la perversa herejía. Digo que si el hermano Poncio de Olzeda, prior en Gerona de los Hermanos Predicadores, a causa de las denuncias y advertencias evangélicas hechas por mí ante el reverendo padre, el señor obispo de Gerona, en contra del hermano Bernardo, antes citado, cuyos errores y predicación extremadamente peligrosa para todos los fieles son notorias en la diócesis mencionada; si juzga que tales denuncias y advertencias, repito, pueden ser ofensivas para él o para su convento y por ello quizás intenta que yo sea sorprendido en injuria, afirmo y denuncio ante vos, respetado señor, que dicho prior se convertirá en protector de perniciosa herejía.

Y por esto, en nombre de Cristo y de la Iglesia Romana, a vos, y también en vuestra persona al señor obispo ya citado, advierto evangélicamente e insisto en que, conforme a vuestro deber, puesto que hacéis las veces de dicho señor, o en su nombre, no os demoréis en inquirir sobre este asunto.

Y yo, como incondicional siervo y miembro de la susodicha Iglesia o Madre, y gozando en el presente de sus privilegios, con el testimonio de este escrito, apelo y convoco al presente prior en perso-

na, como destructor de la libertad evangélica y enemigo de la Sede Romana, para que comparezca ante
ella después de la septuagésima que se ha de celebrar en breve.

Así pues, yo, apoyado tanto canónica como evangélicamente por todas las razones ya expresadas,
afirmo y declaro, como al principio lo hice, que no
me considero obligado de ningún modo a responder a la queja contra mí emitida por los ya nombrados Hermanos Predicadores del convento de Gerona, ni en la sala de juicio, ni ante vos, ni ante
cualquier otro juez, máxime que ninguna injuria
les he inferido según consta por las enumeradas y
otras razones ya expuestas. Y si por ventura, que
no lo creo, vos, respetado señor, o el citado señor
obispo, cuyas veces hacéis en el momento presente,
quisierais a pesar de ello presionarme citándome a
juicio o de alguna otra manera, ahora como entonces me dirigiré a la Sede Apostólica, sometiendo y
confiando a su protección todas mis razones y observaciones, así como mi total derecho y el de la
verdad evangélica, por la cual lucho; y pediré inmediatamente cartas apostólicas con el juicio y el
valor o derecho de la apelación. Y para que reclame
en mi nombre, he establecido como procurador a
don Bernardo Barral, en la actualidad clérigo gerundense, y para que se ocupe de esta gestión, le
nombro también en este momento, como testimonia
este escrito, procurador general mío para la realiza-
ción y administración de todos mis asuntos en juicio y fuera de él.

Y para que pueda dar fe de todo esto a la ya indicada Iglesia o Madre Romana, os pido a vos, don
Raimundo de Cote, notario público de Gerona por
la autoridad real, que lo hagáis público y entreguéis
copia de ello a todo el que la pidiere.

Tratado sobre la caridad

Nota preliminar

Este tratado figura en el inventario de la librería y de los bienes de Arnaldo [1], donde se afirma que estaba escrito «in romancio». Por otra parte, la Sentencia de la Inquisición cita sus palabras iniciales en catalán: *Beneyt et loat sia de Jesuchrist*, lo que hace pensar que existió una versión catalana, aunque por el momento al menos nos es desconocida. Dos códices, el Mss.G, 3368 de la Biblioteca Nacional de Florencia y el Cód. CXIII de la Biblioteca Imperial Pública de Leningrado (pp. 18-50), nos lo han transmitido. El primero es una versión toscana, de la que publicó Batllori [2] una transcripción corregida que nos ha sido muy útil, sobre todo por las acertadas notas que añadió; el segundo es una versión bizantina aún inédita, plagada de latinismos hasta el punto de que puede postularse un original latino subyacente. Batllori supone que el texto italiano reposa sobre un modelo catalán, pero sus argumentos no nos resultan totalmente convincentes, y preferimos pensar, a la vista de algunos latinis-

---

[1] En la edición de Chabàs es el número 316.
[2] En *Archivio Italiano per la Storia della Pietà*, I (Roma, 1951), pp. 411-427.

mos evidentes que iremos señalando en nota, que también reposa sobre un original latino.

Fue condenado por la Inquisición por afirmar que todos los claustrales están fuera de la caridad y se condenan, y que todos los religiosos falsean la doctrina de Cristo. Dejando a un lado esas afirmaciones, el escrito es una exégesis muy detallada de I *Cor.* 13, 1-7, poniendo de manifiesto la continua preocupación de Arnaldo por dar normas prácticas de conducta, más que de teorizar sobre el amor cristiano. Contiene algunos pasajes, como la historia de la abadesa frívola, literariamente bastante logrados, y es un buen ejemplo de los cauces que seguía la exégesis bíblica entre los espirituales.

Fue compuesto probablemente en 1308.

Tratado sobre la caridad

Loado y alabado sea Nuestro Señor Jesucristo, que os ha dado un ferviente deseo de saber lo que es más necesario para la salvación del alma; y sea también loado porque os ha dado un tan alto y tan santo propósito y entendimiento, que afirmáis que queréis observar en vos misma esas virtudes, y que las haréis observar en la medida de vuestras posibilidades al convento de las hermanas que Dios ha puesto bajo vuestra dirección. Y como yo con mi inteligencia podría desviarme de la verdad, por la gran flaqueza e ignorancia que hay en la naturaleza humana, por eso no escribiré nada de mi cabeza, sino sólo lo que el Espíritu Santo, que no puede mentir, ha hecho escribir por sus servidores.

Y debéis saber que san Pablo, en la primera epístola a los corintios, escribió que lo más necesario para la salvación del alma, no solamente de los religiosos, sino de todos los cristianos, es la caridad. Y así dice: *Aunque hablase las lenguas de los hombres y de los ángeles, si no tengo caridad*, etc. [1]; es

---

[1] Todo este tratado de Arnaldo es una exégesis moralizante del conocido himno paulino a la caridad. Para comodidad del lector reproducimos aquí la parte del texto de San Pablo que comenta Arnaldo: «Aun cuando yo hablara todas las lenguas, las de los hombres y aún las de los ángeles, si no tuviere caridad,

decir, por muchos bienes que el hombre tenga en
sí, no llegará a la salvación ni a la gracia de la vida
eterna si no tiene en sí la caridad. En efecto, aunque el hombre tuviese la gracia de decir palabras
buenas y una lengua tan agraciada que mostrase
todas las bondades y hablase como un ángel, y sus
palabras fueran oídas con provecho y placer por
todos, si no tuviese caridad le serviría para la salvación de su alma tanto como el sonido ayuda a la
campana, la cual, cuando suena, informa o avisa de
algo a los que la escuchan, pero no hace nada útil
para sí. Y añade san Pablo que aunque tuviese un
gran espíritu profético y pudiese anunciar todas las
cosas futuras y todos los secretos de Dios le fuesen
revelados y conociese todas las criaturas, y tuviese
una fe cuya firmeza pudiera trasladar montañas de
un lugar a otro, si no tuviese caridad sería nada a
los ojos de Dios en lo tocante a la gracia de la salvación eterna. Y dice, además, que si diese de comer
a los pobres cuanto pudiese tener para sustentarse,
y entregara su cuerpo para ser quemado, o sufrir
alguna otra pena o aflicción (como ayunos, absti-
nencias, disciplinas, destierros, vigilias y todas las
demás aflicciones y asperezas), si pese a todo no
tuviese caridad, de nada le sirve para la salvación

---

sería como campana que retiñe o címbalo estrepitoso. Y si pose-
yera el don de profecía y plenamente el de sabiduría de los mis-
terios, y perfectamente el de ciencia, y tuviera íntegramente el
carisma de fe, tanto que trasladara montañas, pero no tuviera
caridad, nada sería. Y si distribuyera en limosna todos mis bienes, y si entregara mi cuerpo y las llamas me consumieran, mas
no tuviera caridad, de nada me serviría. La caridad es longánime,
es benigna. La caridad no es envidiosa, no es jactanciosa, no se
enorgullece. No es incorrecta, no es egoísta, no se exaspera, no
toma a cuenta el mal. No se goza de la injusticia, sino que se
alegra con la verdad. Lo excusa todo. Cree siempre. Espera siempre. Lo soporta todo». (I *Cor*. 13, 1-7.)

eterna [2], la cual no puede obtenerse sin la caridad, y así será reprobado eternamente, aunque las buenas acciones que haya hecho le puedan ayudar a tener menos pena que si las hubiese hecho malas.

Esta misma doctrina escribió san Pedro en la seguna epístola que compuso para información de todos los cristianos, cuando dice: *Administrad en vuestra fe la virtud*, etc. [3]; es decir, que todo hombre que quiera cosechar la salvación eterna, debe administrar y ofrecer a Cristo fe, y en la fe virtud, y en la virtud ciencia para conocer el bien y el mal, y en la ciencia abstinencia de pecados, y en esta abstinencia paciencia en las tribulaciones y en todas las adversidades, y en esta paciencia piedad (a saber, de las personas que padecen tribulaciones y adversidades), y en esta piedad amor de fraternidad, es decir, como hace un hermano con otro, debemos mostrar la piedad mediante obras de socorro, de ayuda y de consuelo. Pero como tal amor no es suficiente para cosechar la salvación eterna si no tiene caridad, por eso dice al final de las citadas palabras que en este amor de fraternidad deben tener caridad. También da a entender que todos los demás bienes que había nombrado expresamente antes, no son suficientes para obtener la salvación eterna si carecen de caridad, al igual que la fe no ayuda sin la firmeza, ni la firmeza sin la ciencia, ni la ciencia sin abstenerse de los pecados, ni esa abstinencia sin la paciencia en las aflicciones, ni la paciencia sin la piedad hacia otros, ni ésta sin las obras del amor fraterno. De este modo, el Espíritu

---

[2] Menosprecio de las prácticas puramente externas, característico de los beguinos.
[3] II *Petr.* 1, 5-7.

Santo da claramente a entender en aquellas palabras que la caridad es algo distinto, superior, más
digno y más noble que el amor fraterno, por lo cual
hay que saber en qué se diferencian, ya que de otro
modo no sabríais reconocer cuando hacéis obras
de caridad, y seríais engañada de mala manera si
os creyeseis que hacíais algo para la salvación eterna y no estuvieseis haciendo nada.

Debéis, pues, entender que el hombre puede tener amor sin caridad, pero no caridad sin amor,
puesto que la caridad es puramente amor de Nuestro Señor y Dios Jesucristo, cuyo amor nos rescató,
y con el cual le debemos amar [4], así como El nos
amó en la Redención; es decir, que así como El
abandonó el amor de sí mismo (a saber, su vida
corporal) para rescatarnos, así nosotros debemos
amarle sobre todas las cosas, de tal forma que por
su amor abandonemos y despreciemos, no sólo las
cosas externas, sino también nuestro cuerpo y nuestra alma, hasta el punto de que tengamos mayor
placer en que el cuerpo sufra pena y aflicción temporal, e incluso en que pierda la vida corporal o en
que el alma se aparte del cuerpo por el amor de
Jesucristo, que en mantener el placer del bienestar
y de la vida temporal.

Debéis, pues, saber que amar a Nuestro Señor
Jesucristo sobre todas las cosas, y no amar nada
sino por su amor, esto es caridad. Y eso quería
decir san Juan en su primera epístola, cuando afirma: *Dios es caridad;* puesto que, según dice él mismo, *entregó a su hijo a la muerte para salvarnos,*
es decir, abandonó a su hijo por amor nuestro; y

---

[4] Para los beguinos, el amor que se tiene a Cristo es una participación del propio amor de Cristo a los hombres, ascendidos
por ello en su humanidad a un nivel casi divino.

quien está en caridad está en Dios y Dios en él [5], es decir, que lo que hace, lo hace puramente por amor de Dios, y así Dios, que es amor puro, habita en él por la gracia, y su espíritu descansa solamente en Dios, ya que por su amor hace todo el bien que puede. En eso propiamente consiste la caridad.

Por el contrario, amor fraternal es hacer bien a otro por algún débito natural, propio o común. Débito propio es el débito de parentesco o de sangre, por ejemplo de padre o madre, hijo o hija, hermano o hermana, o bien sobrino, primo, etc. Débito común es débito de vecindad, o de nacionalidad, o de compañía, o de crianza, o de cualquier beneficio, o del rango social, ya que la razón natural muestra que debemos amar a los que son del mismo lugar que nosotros, de la misma nación, o del mismo señorío, o a nuestros maestros y bienhechores, y a cualquier persona por el hecho de ser de nuestra clase o rango. Y siempre que por respeto a estos débitos hace uno algún bien a otro, lo hace por el amor que he llamado amor fraternal, puesto que nace de algo que por razón natural es común a ambos, así como el débito que hay entre dos hermanos nace de lo que por naturaleza es común a ambos, es decir, el padre y la madre.

Podéis, pues, entender cuán más alta y más digna cosa es la caridad que el amor fraternal; y por esta doctrina podréis reconocer si vuestras buenas obras están o no hechas en caridad, puesto que de las que hagáis en caridad tendréis seguridad, por la antedicha doctrina, de que os ayudarán a cosechar la gloria de Jesucristo y a vivir con El sin fin en la beatitud celestial; y de las que no hagáis en caridad, podéis estar segura de que en nada ayudarán a

---

[5] Cf. I *Jn.* 4, 10-16.

cosechar la vida eterna, aunque sí a disminuir la
pena del castigo eterno [6].

Resulta, pues, muy necesario que todo cristiano
sepa reconocer si sus buenas acciones están o no
hechas en caridad, no sea que por ignorancia pierda la salvación eterna, por lo cual el Espíritu Santo
en la citada epístola hace enumerar a san Pablo los
signos mediante los que cada uno podrá reconocer
con certeza si vive en caridad; tras las ya citadas
palabras dice así: *La caridad es paciente, bondadosa,* etc.; es decir, que la persona que tiene o vive
en caridad, posee en sí todos estos signos o estas
bondades, y si le falta alguna es indudable que no
tiene en sí caridad. Añade: *La caridad es paciente
y bondadosa; la caridad no tiene envidia, no hace
daño, no se vanagloria, no es ambiciosa, no busca
lo suyo, no se altera, no piensa mal, no se alegra
con las iniquidades, se alegra con la verdad; todo
lo cree, todo lo sufre, todo lo espera, todo lo soporta.*

El primer signo de quien tiene caridad es que
es paciente, es decir, que en todas sus aflicciones
y pesadumbres, cualquiera que sea su origen, da
gracias a Dios y no se irrita, ni se altera, ni aparta
su corazón de Dios ni de ninguna criatura.

El segundo signo es que es bondadoso, es decir,
que a las personas que le hacen daño o le provocan
pesares, no sólo no las odia, sino que incluso les
hace el bien. Y el primer bien que hace es el mayor
bien que existe, es decir, el bien espiritual, de dos
maneras: ante todo porque tiene dolor y compasión de quienes le producen pesar, ya que ofenden
a Dios; y además ruega a Dios por ellos, como hacía

---

[6] Esta mitigación de las penas eternas, a la que ya aludió antes, supone una escatología heterodoxa.

san Esteban por los que le mataban, diciendo: *Se-*
ñor, Padre veraz, tú soportas que esta criatura me
haga daño para corregirme y humillarme; ruégote,
por tu gran misericordia, que lo que Tú quieres que
sea provechoso y útil para mi salvación, no sirva
de condenación a otro, sino hazle conocer su defec-
to, para que se arrepienta, pues tan criatura tuya
es como yo; inflámale en tu amor, y complácete,
por el beneficio que Tú quieres que yo reciba de
sus obras, en concederle el beneficio de tu gracia [7].
Además del bien espiritual procurará hacer, por el
amor de Dios y en la medida de sus posibilidades,
el bien temporal al ser requerido con motivo de
una enfermedad o de cualquier necesidad.

El tercer signo es que no envidia a ninguna criatura, es decir, que no le desagrada ver y percibir
en otros gracias y bienes, sino que se complace en
ello y da gracias y alaba a Dios que quiere demos-
trar multiformemente sus bondades en sus criaturas.

El cuarto signo es que no hace ni consiente que
se haga nada que perjudique o injurie a otro, ni en
su persona, ni en su fama, ni en sus cosas, ni en
sus parientes, puesto que por el amor puro que
siente hacia Dios odia todo el mal, en cuanto contrario a Dios, al cual ama sobre todas las cosas.
En consecuencia, evita que se haga daño a otros,
de palabra o de obra.

El quinto signo es que no siente ninguna vanagloria espiritual, es decir, que no tiene orgullo, ni soberbia, ni envaramiento, puesto que ninguna gracia
espiritual que tenga (como, por ejemplo, ciencia,
saber, sabiduría, sutil ingenio o sentido natural y
elocuencia), ni otras cualidades corporales (como,

---

[7] *Act.* 7, 59.

por ejemplo, salud, belleza, juventud, fortaleza; o
linaje, señorío, riquezas, etc.) le hacen supravalo-
rarse o tenerse por mejor o de más dignidad que
los demás, por poco que sea, ni creerá en su corazón que valga más que ellos, puesto que el amor
puro que siente hacia Dios le hace siempre ver la
verdad en dos cosas: la primera es que, si tiene en
sí algún bien, todo pertenece a Dios y no lo tiene
por méritos propios, y comprende que sería una
enorme locura jactarse de ello ante otros, y además
que injuriaría mucho a Dios el que, por los bienes
de El recibidos, despreciase a las criaturas a las
que Dios no hubiese dado esas gracias, y procedería
con una grande y grave inconsciencia; la segunda
cosa en que piensa es que no sabe qué medida de
gracia tiene en breve reservada Dios para aquella
persona, y en que quizás aquella criatura terminará por encontrar más gracia que él a los ojos de
Dios, por lo cual no debe despreciarla, ya que quiere amar puramente a Dios.

El sexto signo es que no tiene ambición, es decir,
que no desea ser alabado, ni ensalzado, ni honrado
temporalmente, y por eso no piensa, ni se preocupa,
ni estudia cómo obtendrá dignidades, prelaciones,
doctorado, o cualquier cargo en el que otros le re-
verencien. Por el contrario, siente desagrado en su
corazón cuando le alaban, puesto que, a quien ama
a su Creador puramente, le parece que el honor y
la reverencia que el hombre le hace a él es un robo
hecho a Dios, al cual es debido todo honor y toda
reverencia; y por eso le parece que la reverencia
que le tributan a él es injuria o blasfemia a Dios,
lo cual le resulta insoportable, ya que le ama puramente, y además sabe que el bien por el cual le re-
verencian pertenece por completo a Dios. Esta es la
razón por la que se debe reverenciar a Dios y tribu-

tar alabanzas al Autor y Dador de los bienes, y no al que ellos alaban.

El séptimo signo es que no busca lo suyo, es decir, que no hace nada por placer o en provecho propio o de los suyos, sino únicamente para obra y agrado de Dios. En esto especialmente el enemigo tiene engañadas a todas las personas religiosas, de forma que, bajo apariencia de bien, les ha desviado de la caridad, y antes de darse cuenta del engaño caen en el pozo del infierno. En efecto, ha hecho creer a todos los religiosos que deben amar a sus parientes y que Dios así lo quiere, y con ese motivo les aparta dolosamente de la caridad, tanto que ya están completamente fuera de ella, como se puede conocer por dos cosas [8]:

I) En primer lugar, porque el amor que tienen a las cosas temporales es muy solícito y fervoroso, y el que debieran tener a Dios es tan negligente y tibio que no aparece ni se muestra en ninguno de los demás signos. Y no cabe duda de que todo hombre que ama algo más que a Dios está fuera de la caridad; y así son todos los falsos religiosos y falsas religiosas, los cuales se conocen por este signo en dos cosas. Primero, porque, tanto estando sanos como enfermos, buscan su propio placer y utilidad temporal y la de los suyos, y no buscan el placer y el honor de Dios. Estando sanos, puesto que entonces están más solícitos de procurarse beneficios y dignidades o cargos que les encumbren, que de acordarse y de llorar la pasión de Cristo, o de pensar en sus bondades y dignidades, o de dar buen ejemplo por su amor. Y, por otra parte, están más

---

[8] Arnaldo inicia aquí una larga digresión en la que traza un cuadro bastante denigrante de las costumbres de los falsos religiosos. Para resaltar el orden del escrito, he antepuesto el número romano correspondiente a la alternativa enunciada.

solícitos de procurarse que sus parientes y amigos sean encumbrados en lo temporal; de esta forma, si son de su orden, procuran lograrlo de sus prelados, o lo hacen ellos mismos si pueden; y si son seculares, lo hacen y procuran por sí mismos, o mediante los poderosos y grandes del siglo. En ninguna de estas obras les corrigen sus compañeros, ni los seculares, para que piensen sólo en Dios y hagan lo que más le agrada, es decir, las cosas temporales por su amor. Más se agrava su actitud cuando su padre, madre u otros parientes suyos están enfermos, puesto que tratarán por todos los medios de procurarles la salud corporal, y no se preocuparán de indicarles y prevenirles diligentemente para que tengan paciencia y placer en la enfermedad, recordando la pasión de Cristo y su amor. Y así no se preocupan de lo que pertenece a Dios, sino sólo de lo que su carnalidad requiere; sin embargo, si uno de sus religiosos enfermase dejarán de atenderle, por más amigo que fuese de Dios, y atenderán a su propio padre o madre, hermana o hermano, y, saliendo del monasterio, correrían a servirles, aun dejando de atender a quien está más unido con Dios y hacia el cual están más obligados por amor a Dios. Más aún, si enfermasen ellos mismos, estarán tan deseosos y serán tan solícitos de procurarse la salud de su cuerpo, que no dudarán de hacer cosas manifiestamente blasfemas y denigrantes para Cristo y contrarias a su verdad, puesto que, si no pueden curar de otro modo, llamarán en su ayuda a un judío [9] o a cualquier otra persona manifiestamente abominable a los ojos de Dios.

---

[9] La postura antijudía de Arnaldo es evidente también en otros escritos suyos, particularmente en la *Allocutio super Tetragrammaton*, cuya traducción incluimos en el segundo volumen de esta obra. En general, el antisemitismo es un tópico en la literatura

En estas cosas se puede reconocer que tales falsos religiosos son más abominables ante Dios que ninguna otra persona, y por eso les llama Salomón *Pestilencia del pueblo* cuando dice: *Hombres pestilentes corrompen la ciudad* [10], es decir, que los hombres que corrompen la fe católica más fuertemente y más manifiestamente que los demás son pestilencia, es decir, mortal corrupción del pueblo fiel, el cual es ciudad de Dios.

Y por dar a entender o conocer en qué medida le son abominables, los compara a dos cosas vilísimas. En primer lugar a la cerda, cuando dice por Salomón: *Busco oro en el hocico de la puerca: la mujer bella y loca* [11]. Dice la *Santa Exposición* [12] que el Espíritu Santo entiende por «mujer bella y loca» a la persona religiosa que no se avergüenza de falsear la verdad católica, puesto que tal persona posee la belleza del hábito y de los actos de la religión; y «loca», dado que abiertamente hace algo que envilece y perjudica a la religión, es decir, que hace cosas que son blasfemia y vituperio del Maestro de la religión, Nuestro Señor Jesucristo, y el anillo de oro, es decir la apariencia de la religión, queda todos los días hundido, con el hocico del

religiosa del medievo y andaba ya muy difundido en la literatura patrística. En el texto toscano falta un desarrollo contra los judíos, según advierte el traductor *(Hic obmictitur materia de non recipiendo a Iudeis)* reproduciendo seguramente una observación de su original latino.

[10] *Prov.* 29,8.

[11] *Prov.* 11, 22.

[12] Este comentario, que volverá a citar dos veces más, no es ninguno de los más difundidos en su época, ni aparece ese título en la lista dada por C. Spicq, *Esquisse d'une histoire de l'exégèse au moyen âge* (París, 1944). Por el tono de las exégesis, con su desprecio de las prácticas externas y su referencia a los religiosos, este comentario debía ser un texto redactado en círculos espirituales franciscanos.

amor de la vida corporal, en el lodo y en la sucie-
dad, es decir, en la bestialidad de los que no creen.
La otra cosa vil con la que les compara es la rame-
ra, cuando dice Jeremías: *Tienes frente de meretriz
y no has querido avergonzarte* [13], con lo que da a
entender que esa persona religiosa católica es tan
desvergonzada como una pecadora pública, que no
siente vergüenza ni de Dios ni de los hombres.

· Hasta aquí habéis escuchado cuál es el primer
modo por el que los falsos religiosos se procuran
sus placeres y el bienestar temporal, y abandonan
la ciudad sin preocuparse en absoluto de agradar
y honrar a Cristo.

El segundo modo es que desprecian, desmienten
y falsean de hecho su doctrina. En primer lugar, la
desprecian y desmienten con su vida en lo tocante
al primer mandamiento. En efecto, si amasen a Dios
con toda su mente y todo su deseo, no procurarían
para sí ni para otros nada que no fuese honor de
Dios. Y es cierto que, cuanto más pone el hombre
su corazón y su amor en el bienestar temporal, tanto más lo aleja del amor de Dios. Además, desprecian, desmienten y falsean de hecho la doctrina de
Nuestro Señor con su desmedida solicitud por producir placer y utilidad temporal a sus parientes,
dando a entender de hecho que el débito del parentesco está para eso, como el diablo se lo hace ima-
ginar mediante el sofisma (es decir, falso argumento) que le pone en la oreja, a saber, que deben amar
su sangre y honrar padre y madre; argumento ese
que es cierto en el modo ordenado por Dios, es decir, que el hombre les debe amar y honrar sin detrimento de Dios ni de su honor; por lo demás,
Dios ordenó que el hombre amase padre y madre,

---

[13] *Jer.* 3,3.

hermana o hermano, o cualquier pariente, sólo de tal forma que Dios sea por ello más amado y más honrado. Y, según Dios, el débito del parentesco carnal no obliga a nadie a amar y a honrar a los suyos de otro modo, puesto que el débito carnal lo hizo Dios únicamente como figura del débito espiritual, o como paso previo, al igual que la caña que deja entrar el pie en el escarpín: necio y tonto sería quien dejase el zapato por su caña, y así, por el débito carnal está cada uno obligado a tratar diligentemente de que su pariente ponga todo su corazón en Dios, en el amor y en el conocimiento de Dios, para que Dios sea honrado y alabado sobre todas las cosas, y no lo tenga en otra parte. En consecuencia, si estuviese seguro de que la preocupación por sus parientes iba en detrimento del conocimiento y del amor y honor de Dios, debería dejarlos y abandonarlos, y apartarse por completo de ellos.

Todo lo dicho declara abiertamente la doctrina de Nuestro Señor Jesucristo, manifestada en primer lugar por mandato, cuando dijo a Abraham: *Sal de tu tierra y deja a tus parientes y la casa de tu padre y ven a la tierra que Yo te mostraré* [14]. Y dice la *Santa Exposición* que estas palabras están dirigidas especialmente a todas las personas que quieren alcanzar la verdadera religión, al igual que les dice por el salmista: *Escucha, hija, y mira, e inclina tu oído, olvida tu pueblo y tu familia y la casa de tu padre;* y, si haces esto por mi amor, *el rey mesías* (que es alegría de todos los amigos de Dios) *deseará tu belleza espiritual y te llevará consigo a su reino* [15]. También, en segundo lugar, para mostrar que Dios premiará más a los que desprecian

---

[14] *Gen.* 12, 1.
[15] *Ps.* 44,11.

las cosas temporales por su amor, dice en el Evangelio de san Mateo: *Todo aquel que por mi causa dejó hacienda, o hermanos, o hermanas, o padre, o madre, o mujer, o hijos, o campos por mi nombre, recibirá en esta vida cien veces más placer y consolación espiritual y tendrá finalmente la vida eterna* [16]. Y no cabe duda de que quienes tanto se preocupan por consolar y encumbrar en lo temporal a sus parientes, no les abandonan por amor de Dios, sino que más bien su trato les sirve de estorbo y va en detrimento de su amor. En efecto, en la medida en que se afanan en aquello, apartan su corazón de Dios; e igualmente, cuanto inducen a sus parientes a amar el bienestar mundano, tanto les alejan del amor de Dios. Por todo esto, ni acá ni allá obtendrán la citada remuneración.

Tras esto, para inflamar a los fieles a que emprendan el camino que les puede hacer discípulos y servidores suyos, dice en el evangelio de san Lucas: *El que no odia padre y madre, hermana y hermano, mujer e hijos, e incluso su propia alma, no puede ser mi discípulo* [17]; es decir, no progresará ni mejorará en la verdad de mi doctrina. En modo alguno dice que deban odiarles absolutamente, sino «por mi amor», es decir, que únicamente deben odiarles, despreciarles y abandonarles, en la medida en que les aparten del amor de Dios.

De esta doctrina dio ejemplo en otros y en sí mismo.

En otros lo dio tres veces. Una a propósito del que le dijo, según cuenta san Mateo: *Señor, puesto que quieres que te siga, déjame ir a enterrar a mi padre,* y Él respondió: *Sígueme y deja a los muer-*

---

[16] *Mt.* 19,29.
[17] *Lc.* 14, 26.

tos enterrar a sus muertos [18]; donde da a entender
dos cosas: la primera, que ningún débito carnal
debe tener en consideración el hombre si le aparta
del amor de Dios y de su servicio; la segunda, que
todos los que ponen su entendimiento y su amor
en las cosas terrenas están muertos para Dios. En
otra ocasión dio también ejemplo de esto cuando
uno le dijo, según relata san Lucas: *Señor, yo te
seguiré, pero déjame que avise de ello a los de mi
casa*, y Él respondió: *El que se vuelve para mirar
atrás, no es apto para el reino del cielo* [19]. Y no
cabe duda de que vuelven el rostro del pensamiento y del deseo para mirar atrás, cuantos entran
en religión y luego se afanan por tener y procurarse los placeres temporales para sí o para los suyos.
Un tercer ejemplo lo dio a propósito de sus con-
sobrinos [20], a ninguno de los cuales hizo su vicario
en la tierra; y cuando le pidieron sentarse el uno
a la derecha y el otro a la izquierda, no quiso con-
cedérselo ni prometérselo, sino que les dijo que
quería que sufriesen muerte y pasión como Él [21].

En sí mismo dio ejemplo de esto cuando no quiso dejar de predicar para hablar con su madre y
sus hermanos, y afirmó: *El que hace la voluntad
de mi Padre, ése es mi hermano, mi hermana y mi
madre* [22]; con lo cual dio abiertamente a entender
lo que antes dijimos, a saber, que el débito de sangre es prioritario a los ojos de Dios únicamente en
cuanto que induce a cada uno a procurar, primor-
dialmente, que sus parientes sean más fervorosos

---

[18] *Mt.* 8, 21-22.
[19] *Lc.* 9, 61-62.
[20] Aunque difundida en italiano en esta época, la palabra *con-
sobrini* es un evidente latinismo.
[21] Cf. *Mt.* 20, 20-23; *Mc.* 10, 35-40.
[22] *Mt.* 12, 50; *Mc.* 3,35.

que los demás para conocer y para amar a Dios,
y todo lo demás es nada o vanidad.

En esto puede conocerse esta doctrina: si saliesen de esta vida juntos padre, madre, hija, hermana, hermano, o dos hermanos, y uno de ellos por
sus méritos fuese al paraíso, y el otro por sus culpas al infierno, y con el que subiese al cielo subiese también un judío que muriese al punto de
ser bautizado, es cierto que el que marchara hacia
el paraíso sentiría un gran placer y alegría en ir
acompañado de un judío bautizado, pero, por otra
parte, sentiría también gran placer y alegría de
ver caer en el pozo del infierno a su pariente. Y la
razón es ésta: todos los que están en el paraíso
se complacen en la justicia, y en lo que Dios hace
y quiere que se haga.

Y por eso dice Isaías [23] que el débito de la carne
es cieno, manjar de bestias, es decir que los ignorantes e idiotas que no tienen gran entendimiento
de las cosas de Dios, se inclinan por el débito carnal a amar a su prójimo por Dios más prestamente
que si el débito no existiese; pero los que tienen
perfecto conocimiento de la verdad, no hacen eso,
puesto que saben con certeza que más allegados
le son, en verdad, los que más aman a Dios, y de
ellos deben preocuparse más a la hora de consolarles en algo.

Esto mismo da a entender san Pedro en su epístola [24], cuando dice que débito de carne es como
flor del campo, la cual anuncia el fruto que luego
aparecerá (quiere decir que el débito carnal es la
entrada o el principio del débito espiritual).

---

[23] Cp. *Is.* 40,6.
[24] Cf. I *Petr.* 1, 24.

Y por eso dice san Pablo *ad Corinthios*[25] que Cristo ha muerto y resucitado por todos, para que no amemos ni conozcamos a ninguno según la carne (es decir, por débito carnal), sino solamente por Jesucristo.

Y eso mismo dio a entender cuando no quiso salir del templo para hablar con su madre y con sus hermanos que le andaban buscando, manifestando así que el mandamiento de honrar padre y madre lo cumple cada uno altísimamente cuando por los negocios temporales del padre y de la madre carnal no quiere abandonar los actos del Padre espiritual (es decir, Dios) o de la Madre espiritual (es decir, la santa Iglesia), y esto es así porque el perfecto y verdadero padre es el que ha hecho toda la persona (es decir, el cuerpo y el alma), y la más verdadera y más perfecta madre es la que da a sus pequeños leche y alimento de vida eterna. Y para mostrar esto no quiso en aquella ocasión Cristo dejar la plática que estaba dando a sus discípulos y a los demás que formaban la Iglesia santa, puesto que bien sabía que le querían hablar de algo temporal, en lo cual no hubiera salido Dios tan honrado ni amado ni reconocido ni abalado, como en la plática que estaba El dando.

La sustancia de toda esta doctrina la escribe brevemente san Pablo *ad Colosenses* cuando dice: *En Cristo no hay hombre y mujer, gentil y judío, circunciso e incircunciso, forastero y ciudadano,*

---

[25] II *Cor.* 5, 15. El hecho de que el pasaje refiera a esta epístola a los Corintios por su título latino, como hará luego *Ad Colosenses*, y, por otra parte, refiera habitualmente a los libros de la Sagrada Escritura por sus títulos en italiano, hace pensar también —contra la opinión de Batllori— en un original latino, en cuya traducción comete el intérprete una cierta y muy explicable incoherencia ortográfica.

libre y siervo [26]. Quiere decir que la persona que
pretende vivir en la verdad de nuestro señor Jesucristo, no se preocupa por ser hombre o mujer,
noble o rústico, etc., puesto que El no ama a nadie
por ser hombre o mujer, circunciso o no, libre o
siervo, o de tal tierra o de tal otra, etc., ya que
todo eso no cuenta en Cristo; su placer estriba en
el que en su espíritu no piensa, ni ama, ni desea
otra cosa que Jesucristo y su verdad. Cualquier
persona que ponga en esas cosas su entendimiento
y su preocupación, falsea el cristianismo: y cuanto
más persevera en hacerlo, tanto más camina hacia
la condenación, puesto que, según la verdad cristiana, cada uno debe amar más a aquel o aquella
que más ama a Dios y que mayor amor tiene a
Jesucristo [27].

Y si un falsario de esos profesa en estado de religión, es más abominable a los ojos de Dios que
los demás, como se explica en el *Libro de los siete
espíritus malignos* [28]; y cuanto más tiempo vive en
el estado de religión, poniendo su corazón y su
amor y su preocupación en esas cosas, tanto más
maldito resulta a los ojos de Dios. Y por eso dice
Isaías: *Maldito el niño de cien años* [29]; queriendo
significar que quien hasta la vejez vive puerilmen-
te (es decir, sin discreción) y en la puerilidad, es

---

[26] *Col.* 3, 11.

[27] Interpretación muy subjetiva de lo que es la ἀγάπη cristiana,
que no depende de la excelencia del objeto amado (imposible,
por lo demás, de precisar), sino de un desbordamiento operado
por Dios en el alma del fiel. Nos parece ver aquí una velada manifestación del narcisismo espiritual característico en los escritos
de los reformadores.

[28] Alusión a la *Apologia de versutiis et perversitatibus pseudotheologorum et religiosorum,* de la que Finke publicó un extracto
bastante extenso en *Aus den Tagen Bonifaz VIII,* pp. CLXIII-
CLXXII, que incluimos en el segundo tomo de esta obra.

[29] Cp. *Is.* 65, 20.

maldito, puesto que las vigilias y la obediencia y todas las demás obras buenas que hace, las impregna con su vanidad, de forma que en nada le ayudan para la salvación eterna, ya que al término de sus días parte para el otro mundo con el corazón lleno de esa puerilidad.

Con todo lo dicho queda de manifiesto la verdad de este séptimo signo de la caridad, pero el enemigo ha engañado tan sutilmente a los religiosos, que ha terminado por sacarlos de la caridad, especialmente en lo tocante a este séptimo signo, del cual carecen por completo, estando todos ellos siempre prestos a buscar y proporcionar, para sí o para sus allegados carnales, su placer y su utilidad temporal, no el placer y la voluntad de Dios, puesto que todos abandonan y desprecian, falsean y desmienten con su vida la doctrina de nuestro señor Dios en todo cuanto habéis oído. Y san Juan dice, en su epístola [30], que la caridad no es otra cosa que diligencia de observar y de cumplir la doctrina y los mandamientos de Dios, como lo mostró Jesucristo cuando dijo: *Quien me ama guardará mis palabras, quien no me ama, no guardará mis palabras* [31]; es decir, se esfuerza por cumplir sus palabras, y en esto se conoce quién ama a Cristo.

II. A partir de cuanto voy diciendo podéis entender la razón por la que el Espíritu Santo llama a los religiosos de este tiempo escarnecedores, cuando dice en la epístola de san Judas: *Aparecerán en los últimos tiempos escarnecedores que andarán según sus deseos, y no según la piedad.* Y para dar a entender que hablaba de los religiosos, dice luego: *Estos son los que crean bandos animales, y no*

---

[30] Vd. II *Jn.* 9.
[31] *Jn.* 14, 23-24.

tienen espíritu [32]; quiere decir que en los finales y
últimos tiempos de la Iglesia aparecerán ante el
pueblo de los fieles, escarnecedores de Dios y de su
verdad, que seguirán los deseos temporales, sin
preocuparse de las obras de piedad, es decir, de
obras mediante las que Dios sea amado, honrado,
alabado y servido. Y esos serán aquellos que harán
vida separada o aparte de la comunidad, personas
que no tendrán otro pensamiento ni otro deseo que
el de gozar como bestias de la vida temporal, y no
tendrán espíritu de verdadera religión, es decir, no
se preocuparán en su corazón por llevar una vida
espiritual. Y les llama escarnecedores: como un
histrión que remeda a un religioso en su hábito, en
sus palabras y en sus actos, pero carece en su corazón de la verdad de la religión, así las mencionadas
personas en el roquete, en las cogullas, en los es-
capularios, en los cíngulos, en las túnicas y en las
capas, en los velos, en las palabras y en los actos
del altar, o del coro o de otra parte, parece que
son religiosos, pero dentro de su corazón tienen
tan poco pensamiento y deseo de llevar vida espiritual (sin lo cual no puede ésta existir), como las
bestias o las piedras.

Y por eso les compara el Espíritu Santo con imágenes e ídolos muertos. Con imágenes en lo que
figura mediante la mujer de Lot, como está escrito
en el *Génesis* [33]: cuando Dios quiso destruir Sodoma, les ordenó por medio de sus ángeles que salie-
ran de allí y subieran a un monte, prohibiéndoles
volver el rostro hacia detrás mientras subían, si
querían salvarse; la mujer de Lot no observó ese
mandamiento, y se volvió a mirar la tierra y la
ciudad de que partía, y al punto murió, y su cuer-

---

[33] *Gen.* 19, 26.
[32] *Judas* 18-19.

po se convirtió en una imagen o estatua de sal. Lo
cual hizo Dios para dar a entender a todos el estado del falso religioso, llamado por Dios de la corrupción del siglo para subir al monte de la vida espiritual (que es vida de ángeles), y, ascendiendo a
ese monte por las apariencias de la religión, torna su corazón a los placeres de este siglo, y al
punto muere en su espíritu, y ante Dios es sólo
una estatua muerta, que es de sal para que las
bestias (es decir, los ignorantes y los idiotas) al
lamerla obtengan algún sabor y placer en lo que
viene de fuera, es decir, en el oficio de la misa y
de las horas canónicas, y en las limosnas que hacen, y en los gestos del hábito [34]. Con los ídolos
les compara cuando dice por Zacarías [35]: *Los ídolos y las imágenes de forma humana han dicho mentira* (es decir, a Dios). Dice la *Santa Exposición* que
los ídolos a que se refiere son hombres y mujeres,
pero les llama ídolos porque no tienen dentro nada
de lo que por fuera aparentan, como ocurre con los
ídolos cuya imagen representa un hombre o una mujer, y en su interior carecen de espíritu. Del mismo
modo el falso religioso o falsa religiosa aparenta
ser una persona espiritual, y en su interior es pura
materia o pura sustancia corporal, puesto que sólo
piensa, desea y busca lo que pertenece a la vida
temporal. Y de todos estos afirma que han dicho
a Dios la mentira, puesto que aseveran y confiesan
de palabra que son religiosos, y cuando profesaron prometieron servir la regla de su padre espiritual, resultando en todo mentirosos.

Y así se puede reconocer claramente que no tienen nada del séptimo signo de la caridad, puesto
que ni en sí mismos ni en las personas de su pa-

---

[34] Nuevas críticas contra las prácticas meramente externas.
[35] Referencia al parecer errónea.

rentela buscan ni procuran lo que más agrada a
Dios, sino que, por el contrario, quieren en todo
ser enemigos de Dios, según lo dice Santiago: *Todo*
el que quiera ser amigo de este siglo, será enemigo
de Dios [36]; es decir, amando el bienestar temporal.

El octavo signo de la caridad es que quien tiene
caridad no se altera por cualquier cosa, airándose
si le desagrada lo que le dicen; por el contrario, es
suave, todo lo convierte en motivo de alegría, tien-
de a interpretar favorablemente todo, y a nadie vi-
tupera ni injuria con malas palabras.

El noveno signo es que no piensa mal, puesto
que, en la medida de sus posibilidades, sólo piensa
en las bondades, dignidades y obras de Dios; y, si
le sobreviene una adversidad, al punto o poco después piensa siempre que es voluntad de Dios, y por
eso se prepara para sufrirla con placer de corazón.
También piensa bien en lo que ve hacer a su prójimo. En efecto, si lo que ve hacer tiene aspecto o
apariencia de bien, piensa siempre que lo hace con
buena intención, aunque la persona que haga la
buena acción no la haga con buena intención. Y si
lo que ve hacer tiene aspecto o apariencia de mal,
también piensa el bien, es decir, piensa que aquella
obra es desprecio, o injuria, o blasfemia de Dios,
y corrupción del prójimo; y por la angustia y aflicción que siente a causa de este pensamiento, piensa
cómo podría encontrar camino y forma para corregir a aquella persona e informarla bien, para que
no haga nada en lo que pueda el hombre percibir
algo malo, a fin de que Dios no sea deshonrado en
él, ni las demás personas reciban mal ejemplo.

De este pensamiento estaba impregnada una
monja que era sierva de otra, mujer hermosa, aba-

---

[36] *Jac.* 4,4.

desa de un monasterio. La sierva, que estaba llena
de caridad, veía que la otra se afanaba por embellecer y aderezar su cuerpo y mostrar su belleza,
al modo de las mujeres hermosas del siglo, y la
veía rebuscar su peinado, llevar las más sutiles
cintas y los más sutiles velos, y a veces rizarse y
empolvarse el pelo [37]; y que tanta holgura daba al
escote de su vestido, que se la veía gran parte del
pecho, y que como tenía blanca la carne, la ense-
ñaba mucho, y el velo con el que cubría su pecho
y su cuello era tan fino que todo se adivinaba;
tan ceñidas llevaba las mangas que se alzaban con
los brazos; tenía un cinturón repujado de plata;
y las aperturas de la túnica eran tan grandes, que
no sólo se le veía la cintura, sino incluso otras partes; solía llevar la túnica entreabierta, calzaba unos
escarpines refinados, y se la veía hablar frecuente
y ampliamente con los seculares, y estar poco en
la celda y en el oratorio.

La sierva, con lágrimas y con gran humildad, le
decía que en todas aquellas cosas ofendía a Dios,
y que particularmente por ser abadesa de todas
daba ejemplo de mayor corrupción que ninguna
otra, y que con su ejemplo se esforzaba por arrebatar a Dios las otras hermanas y entregarlas al
diablo, haciéndolas servir y atender a aquella vanidad que es más abominable ante Dios y ante los
hombres que la fornicación de una pecadora pública. La otra la despreciaba y teníala por necia
y por bruta.

Con el paso del tiempo la abadesa dejó este mundo; la otra, que seguía en vida, rogó a Dios que

---

[37] Las precisiones de esta índole son muy del gusto de Arnaldo,
autor de un tratado, el *De ornatu mulieris*, que es uno de los
más curiosos escritos medievales sobre higiene íntima femenina,
descendiendo a insólitos pormenores.

le mostrase si quería que ella hiciese especiales
oraciones por su alma. Y un día le fue mostrado
en visión su estado, y veía una mona vestida con
plumas de pavo sentada en un trono, y debajo,
ante ella, muchas personas que sacaban cada una
un dardo y la herían en los ojos atravesándole el
cerebro, y tanto la atormentaban, que gritando
maldecía a los que la engendraron y a todas las
criaturas que le hicieron conocer el mundo; y luego, por la gran fuerza del dolor, maldecía a quien
la había creado. Después vio que una ráfaga de
fuego le entraba por la boca, por los ojos y por las
orejas, incendiándola, consumiéndola y aniquilán-
dola por completo; y luego volvía la visión anterior.
La monja, al ver esto, quedó maravillada, sin entender el sentido de la visión, y rogó a Dios que
se la declarase. Escuchó entonces una voz que le
decía: «Lo que has visto es la monja que tú sabes,
y te ha sido mostrada en forma de mona para in-
dicarte dos vicios, a saber: que se afanaba mucho
por remedar lo que había visto hacer a las mujeres seculares, vanas y presumidas, y que llevaba
al aire su vergonzosa animalidad, como la mona,
que no tiene cola [38]. Y así mostraba a todos su curiosidad por aderezar y embellecer su cuerpo, y
cuantos la veían se mofaban de ella por su tos-
quedad y necedad [39], burlándose como si viesen un
burro engalanado. En efecto, la persona religiosa

---

[38] En los *Bestiarios* medievales, el mono es frecuentemente el
símbolo del demonio, pues, como él, tiene principio pero no tiene
fin, es decir, tiene cabeza pero carece de cola.

[39] En nuestra traducción, «necedad» corresponde a *busione*, palabra de la que dice Batllori: «Manca al *Vocabolario degli Acca-
demici della Crusca* i al *Dizionario* de Tommaseo-Bellini; el sentit
sembla esser 'lletgesa' o 'burla', però no puc precisar a quin mot
català correspondria exactament» (*o. c.* 424). En realidad, es un
evidente latinismo. Vd. Du Cange, *Glossarium mediae et infimae
latinitatis*, I, col. 792, *s.u.* Busio, donde dice, entre otros muchos

que manifiestamente adereza y adorna su cuerpo,
y se preocupa de los placeres temporales, da abiertamente a conocer que no es trigo limpio. Y, en lo
relativo a la religión, procede como un bellaco o
una meretriz, que no quieren ni por asomo estar en
la iglesia, sino pasar todo el día en la taberna o
en el burdel; en efecto, la verdad de la religión es
templo de Dios, y la vanidad del siglo, taberna y
burdel. Las plumas del pavo significan la vanagloria con que se pavoneaba de sus afeites corporales.
El trono significaba la prelación que le había sido
encomendada. Las personas que estaban ante ella,
significaban las hermanas que estuvieron bajo su
dirección, y por cada una de ellas, puesto que las
escandalizaba y les daba mal ejemplo de corrupción, tendrá un singular tormento ilimitado, como
has visto. Y la llama de fuego que por todas partes
le asedia, significa el gran amor que sentía por la
vanidad del siglo, por el cual arderá sin fin, puesto que, si en su mano hubiese estado, habría per-
manecido en aquella vanidad ilimitadamente; y
cuando decía aquel versículo del salterio: *Mi corazón y mi carne se alegran en Dios vivo* [40], decía
una doble mentira, puesto que ni su corazón ni su
carne se alegraban en Dios». Y luego oyó que la
voz le decía: «Puesto que quisiste ser despreciada
por amor a la verdad y no dejaste de lamentar su
caída, este año te será dado placer sin fin, honor y
gloria». Todo lo dicho evidencia suficientemente
dos cosas: la una es que quien tiene caridad siempre piensa bien, tanto ante el bien como ante el
mal que ve y oye; la otra es el gran fruto que nace
de tal pensamiento.

---

datos, «quo nomine lentioris, vel nullius mentis homines vulgo
appellamus».

[40] *Ps.* 83,3.

El décimo signo es que no obtiene placer ni alegría de ninguna obra hecha por iniquidad o por
mala voluntad, no consiente a nadie que la haga, y
no alaba nunca tales obras.

El undécimo signo es que siente alegría y placer
de oír la verdad de la doctrina de Jesucristo y de
sus ejemplos, así como los de sus discípulos. Y por
humilde e insignificante que sea la persona que
dice y recita aquella verdad, nunca la desdeña, ni
siente fastidio o desagrado, sino que se alegra y
alaba sus palabras.

Todo lo contrario hacen las personas que no tienen caridad, puesto que no quieren oír las palabras
de la verdad de Jesucristo si no salen del aire de
sus trompetas (es decir, de la boca de su doctor o
maestro) o son dichas por un filósofo. Y cuando
las oyen a personas simples o de bajo estado, aunque más claramente y más puramente las digan que
sus ídolos, no las quieren escuchar, o, si lo hacen,
lo hacen sin devoción, y con desdén y fastidio.
Más aún, aunque las pudiesen leer en un escrito
ellos mismos para entenderlas más alta y perfectamente que sus doctores, se negarán a hacerlo. Y la
razón es que no tienen en sí el espíritu de la caridad. En efecto, si ardieran en amor de Dios, las
palabras de su verdad serían siempre su placer y
gustosamente las oirían o encontrarían allí donde
estuviesen, al igual que la persona a la que gusta
el *claretum* [41] o el vino dulce, con tan gran placer
lo bebe en una vasija de madera o barro como en

---

[41] El *claretum* es una mezcla de vino con miel y especias. Arnaldo escribió todo un tratado, el *De vinis*, sobre la fabricación
de vinos medicinales. Esa obra, de difícil lectura por la cantidad
de abreviaturas que aparecen en los nombres de los ingredientes,
contiene importantes precisiones sobre la técnica enológica en la
Cataluña del siglo XIII.

una copa de cristal o plata. Pero las personas que
están llenas del espíritu de soberbia o de presunción, y que ponen su devoción en sus doctores más
por la persona de ellos que por la verdad de Dios,
no encuentran el sabor de la doctrina en las palabras, sino en que toque o taña su rabadán o pastor. Y esta misma es la razón por la cual los doctores que no muestran la verdad de Dios o su doctrina por caridad o por su amor, sino para obtener favor del siglo, se sienten dolidos y resentidos
cuando las personas simples y laicas oyen las palabras de Dios dichas por otros; y más dolidos y
resentidos se sienten al darse cuenta de que, mediante escritos en lenguas vernáculas, los seculares
y las personas simple pueden tener por sí mismos
acceso a la verdad de la doctrina de Dios, y tratarán por todos los medios de destruir esos escritos [42], cosa que no harían en modo alguno si tuvie-
sen caridad, pues en tal caso se alegrarían y exul-
tarían de gozo por el honor de Dios y por la salvación de los cristianos.

El duodécimo signo es que en cualquier circunstancia (calor o frío, tormenta o calma, nieve o llu-
via, hambre o sed), en todas las adversidades y en
todos los cambios que Dios efectúa en su persona
o en el mundo, todo lo soporta gustosamente y por
todo alaba a Dios.

El decimotercio signo es que cree cuanto pertenece a la bondad de Dios, a su poder y a su verdad.
Por ejemplo, si oye decir que Dios ha concedido
alguna gracia especial a alguien (la cual no ha otor-
gado a otros muchos semejantes), no lo duda, pues
sabe y piensa que Dios dispensa sus gracias como
le place, y no según el parecer de los hombres o de

---

[42] No fue en esto Arnaldo un falso profeta.

las mujeres; y no por no haberlo visto o experimentado deja de creer en cuanto oye decir que es bondad, benignidad, poder o sabiduría de Dios. Todo lo contrario hacen quienes no tienen caridad.

El decimocuarto signo es que tiene firme esperanza de que Dios cumplirá lo que promete en las Escrituras o mediante sus mensajeros [43].

El decimoquinto signo es que, en caso de necesidad, se esfuerza cuanto puede por sostener, ayudar y consolar a cualquier persona, sin fijarse en su condición, nación o estado. De esto no se preocupa quien no tiene caridad.

Ruego a nuestro señor Jesucristo, que es caridad, que os tenga tan llena de su amor, que todas las personas a vuestro cargo, que oigan vuestras palabras y vean vuestros ejemplos, comprendan tan intensamente el amor a la verdad, que puedan inflamar fácilmente a los demás. Y si podéis dar de comer a todos los hijos e hijas de la verdad este alimento, unido a los otros escritos que ya tenéis [44], podéis estar segura de que no encontrarán gusto ni placer en manjares de vanidad.

Esto os hará entender claramente la razón por la cual Cristo dice en el evangelio de san Mateo: *Cuantos quieren salvarse, conviene que entren por la puerta estrecha, pues ancha y holgada es la senda que va a la perdición, y muchos la siguen. Pero la puerta que da a la salvación de vida eterna, y la senda que a ella conduce, es estrecha y angosta, y poquísimos llegan a entrar por ella* [45]. Con estas palabras da a entender que son sabios y serán benditos los que no quieren ser del número de los mu-

---

[43] «En la terminología arnaldiana missatgers de Déu eren els visionaris del seu temps» (Batllori, o. c., p. 427).
[44] Alusión a otras obras espirituales de Arnaldo.
[45] *Mt.* 7, 13-14.

chos, sino de los pocos, puesto que solamente estos
entran por la puerta del paraíso, y emprenden ese
camino: la puerta es despreciar en su corazón todo
el placer de este siglo; el camino es llevar vida espiritual mientras viva en este mundo. De ambas
cosas dio ejemplo la Verdad, es decir, nuestro señor Jesucristo, que es puerta, camino y vida eterna, y al cual rogamos que, en su piedad, os con-
duzca. Amén.

Sinopsis de la vida espiritual

Nota preliminar

Este programático escrito de Arnaldo es uno de los pilares básicos para reconstruir su pensamiento teológico. Pasada una primera fase obsesiva, en la que las preocupaciones apocalípticas le absorben, Arnaldo se dirige frecuentemente a los beguinos, y a los fieles en general, para exhortarles a la reforma de la vida espiritual. Una óptica fundamentalmente corporativa, que se refleja en su magna *Expositio super Apocalypsi*, cede el puesto a una perspectiva más intimista, a unos escritos de orden práctico que tratan de esbozar una pauta de conducta, una síntesis de la moralidad cristiana. En este dominio, parece difícil que un autor tan reverente hacia el testimonio de la Escritura, pueda caer en graves herejías. Y, sin embargo, es éste un opúsculo profundamente heterodoxo. El resentido modo de ver de Arnaldo, nunca secundado y siempre combatido por los clérigos, le hace afirmar que el diablo, mediante los clérigos, tiene engañado a todo el pueblo cristiano, que anda descarriado y lejos de la verdad de Jesucristo. El culto eclesiástico es una práctica rutinaria, sin fe que la aliente,

vehículo de una apostasía que reina e impera en
todo el ámbito de la Iglesia militante, lo cual equi-
vale a negar la existencia de la Gracia en la Iglesia.
Por estas afirmaciones fue condenado en la Sentencia de la Inquisición de un modo muy expreso.

Muchos detalles estilísticos muestran que originariamente fue una alocución, una plática espiritual, lo cual explica la repetición de ciertos nexos,
y otros rasgos del estilo oral como, por ejemplo,
el abuso de las partículas copulativas. Una nota en
el manuscrito que contiene la versión catalana de-
talla más aún las circunstancias:

«Aquest sermó féu mestre Arnau de Vilanova
davant lo papa Clement, veent e regoneixent les paraules, les quals són de molt gran doctrina.»

Además, la referencia a la elección de emperador
podría, según Batllori, encubrir una alusión a la
querella por la sucesión de Alberto I. En consecuencia, entre mayo y octubre de 1308 hay que fijar, verosímilmente, la confección de esta obra.

Tres versiones, una catalana, otra toscana y otra
bizantina, nos han transmitido este texto. Las dos
primeras han sido bien publicadas por Batllori, en
el primer volumen del *Archivio Italiano per la Storia della pietà*, pp. 428-453; la versión griega, por
el momento inédita, ocupa las páginas 51-72 del
mss. 113 de la Biblioteca Imperial de Leningrado.
Las relaciones de dependencia entre estas versiones son difíciles de precisar: es evidente que, en
su estado actual, el texto catalán, lengua en la que
fue escrito originariamente según el *incipit* dado
en la Sentencia de la Inquisición, no está a la base
de ninguna de las otras versiones. Batllori piensa
que la versión italiana depende de un original catalán mejor y más completo que el que conserva-

mos, pero su argumentación, basada en el estudio
de algunos errores de traducción, no me resulta
convincente. El múltiple origen posible de las co-
rruptelas impide que ese criterio sea decisivo. Otros
hechos contribuyen a enmarañar el problema: por
una parte, en todas las versiones hay latinismos
evidentes (por ejemplo, el uso de *alter* en las enu-
meraciones); por otra parte, las notables divergencias en las citas bíblicas literales parecen irreduc-
tibles a una fuente común.

En el estado actual de la documentación, no creemos que ninguna de las versiones pueda conside-
rarse más genuinamente arnaldiana que las otras.
Por lo demás, tampoco las divergencias son exce-
sivas y todas ellas muestran un aspecto sensible-
mente igual. Por ello nos ha parecido lo mejor traducir confrontando las tres versiones y eligiendo,
en su caso, la variante que más adecuada nos parecía; por tratarse de variantes leves hemos renun-
ciado a dar en las notas minuciosa cuenta de nuestras opciones.

SINOPSIS DE LA VIDA ESPIRITUAL [1]

Todos los que deseen llevar una vida espiritual
deben observar principalmente una cosa, la cual
es raíz y fundamento de esa vida, y deben evitar

---

[1] Nos ha parecido preferible este título, tomado de la versión
griega Σύνοψις βίου πνευματικοῦ, que los menos ilustrativos de
Lectio Narbone o *Lliço de Narbona*, que encabezan las versiones
italiana y catalana, respectivamente, o que el de *Informatio beguinorum*, que aparece en la Sentencia de la Inquisición. Además de por su mayor adecuación al contenido del escrito nos
hemos inclinado a ello porque el mismo Arnaldo refiere a esta
obra suya, en *Per ciò che molti desiderano di sapere*, llamándola
Libro della vita spirituale.

dos, por las cuales se corrompe y perece la vida
espiritual.

El fundamento de la vida espiritual es la verdad
de Jesucristo contenida en la Escritura evangélica,
verdad que cada uno debe llevar escrita en su corazón tan firmemente que nada pueda borrarla ni
hacerla olvidar, sino que, por el contrario, esté ante
sus ojos, empleando todo el tiempo de la vida en
su observancia [2].

Dicha verdad ofrece dos aspectos: uno es la obra
y el ejemplo de Cristo; el otro, su promesa. Y el
ejemplo que dio, conviviendo visiblemente con los
mortales en la naturaleza humana, fue ejemplo de
muchas virtudes. Y ante todo ejemplo de gran humildad, caridad y amor. Ningún ser creado podrá
medir o estimar la grandeza de estas virtudes, si
se aviene a comparar la excelsitud de la majestad
divina con la bajeza y debilidad de la naturaleza
humana, sobre todo en lo corporal.

Si un emperador o rey mortal, en plena corte,
se levantase de su trono, abandonando a los nobles que le rodeen, y descendiese hacia un pobre
mal trajeado, le vistiera su púrpura y se cubriese
a sí mismo con los andrajos del mendigo, y, además, le hiciese subir a sentarse en un trono junto
a él, cualquier hombre no vacilaría en afirmar que
daba con ello una prueba de grandísima humildad
y amor, aun admitiendo que el emperador y el mendigo son de la misma naturaleza, mortales ambos,
y de la misma materia, y que ambos fueron engen-

---

[2] Toda la argumentación de Arnaldo está basada en el Evangelio, interpretado reverencialmente, no en las «constituciones papales» —a las que luego aludirá desdeñosamente—, ni en la filosofía escolástica. Esta es la señal distintiva de los beguinos y
espirituales franciscanos.

drados del mismo modo, por el vínculo entre la divinidad y la naturaleza humana [3].

Según esto, dado que Jesucristo unió en sí la humanidad con la divinidad, dejando la naturaleza de los ángeles y de los arcángeles, y alzando la humanidad al nivel de la divinidad, puede el hombre gloriarse de El, Dios y Hombre verdadero, y es evidente por ello que su humildad y su caridad no conocieron fronteras. Y así muestra y da ejemplo a todos los fieles para que se esfuercen en vivir en la mayor humildad y en la mayor caridad que puedan manifestar y observar, tanto con Dios como con el prójimo.

Otro ejemplo que dio, en su convivencia con los hombres, fue la elección y el amor de la pobreza en este mundo, queriendo nacer de madre pobre, y donde nacen sólo los pobres; y quiso, en su nacimiento, ser envuelto en bastos andrajos remendados y colocado en un lugar vil, en el pesebre de las bestias de un establo, sin querer tener casa ni cobijo propio ni nada suyo. También al morir quiso ser sepultado en sepulcro y tierra ajena.

Dio ejemplo de despreciar y eludir el honor de este mundo al huir y esconderse de quienes le querían hacer rey. Dio igualmente ejemplo de despreciar y evitar los deleites carnales cuando hizo la cuaresma en el desierto. Y además, de tener gran paciencia en todas las adversidades, soportando ser escarnecido y despreciado, blasfemado y vituperado, preso, atado, encarcelado, golpeado y muerto de cruel muerte en la cruz.

Por la verdad de su ejemplo, debe cada uno mantenerse firme, esperar y desear la verdad de su promesa, puesto que prometió a todos los que cre-

---

[3] Divinización de la naturaleza humana característica en el pensamiento de los espirituales franciscanos.

yesen en El y siguiesen sus pasos, tenerles preparada una vida sin fin, llena de honor y rebosante de bienes y de todos los deleites puros, sin tedio ni corrupción. Y para confirmar la verdad de su promesa, quiso resucitar de muerte a vida, y subir con gran honor al cielo, y del cielo enviar a los suyos el Espíritu Santo que les había prometido.

En consecuencia, quien quiera llevar una vida espiritual cual corresponde a un auténtico y perfecto cristiano, debe hacer cuanto pueda según su estado por seguir y realizar en su vida los citados ejemplos de Jesucristo, en especial por cuatro razones.

La primera, para tributar la gloria debida a su Creador, en quien debe poner todo su corazón y su amor, lo cual es imposible si desea y ama las riquezas, los honores y los placeres de este mundo. Como dice San Pablo, en la medida en que el hombre pone su corazón y su amor en las cosas de este siglo, en esa misma medida se aparta y aleja de Dios [4].

La segunda, para conseguir la promesa antes citada, la cual no puede conseguir si no sigue a Jesucristo, quien dice, en el evangelio de san Mateo, que el que no coja sobre sí la cruz espiritual y le siga, no es digno de estar con El [5]. Es decir, se verá privado de su promesa, pues no es digno de estar con El. En efecto, estando con El, halla el hombre el cumplimiento de todos sus bienes, lo cual no puede alcanzar sino quien le sigue por la vía de sus ejemplos. El mismo dice: *Ejemplo os he dado para que hagáis como yo he hecho* [6], y para corroborar

[4] Cf. I *Tim.* 6, 19.
[5] Cf. *Mt.* 10, 38.
[6] *Jn.* 13, 15. Arnaldo aduce esta cita de memoria, sin percibir que el contexto evangélico en el que aparece no es una exhortación a la imitación de la vida de Cristo.

esto mismo dice en el evangelio de san Juan: *Yo soy camino, verdad y vida* [7]. Por tanto, para los que caminan por este siglo hacia la ciudad del reino del cielo, El es Camino, por su ejemplo y su doctrina. Y para los que no quieran andar según sus ejemplos y a la luz de su doctrina, El será Verdad el día del juicio, juzgándolos con escrupulosa justicia. Pero para los que anden el camino siguiendo sus ejemplos y su doctrina, será Vida sin fin, como antes dijimos.

La tercera razón es para mostrar la verdad de su creencia, puesto que quien confiesa que cree en Jesucristo y no se configura con sus ejemplos, abiertamente muestra o que no cree que Jesucristo sea Verdad, o que es falsario de su verdad, como un falso doctor que dice lo que hay que hacer y hace todo lo contrario; y, por tanto, quien cree que Jesucristo es Verdad, y que cuanto hace por conducirnos lo hace con gran razón y justamente y con perfecta sabiduría, se configurará con sus ejemplos. Si no procediera así, será tenido por incrédulo, o por falsario, o por escarnecedor.

La cuarta razón por la que el hombre debe seguir los ejemplos de Jesucristo es para mostrar que tiene razón y sentido natural, y que no quiere proceder inconscientemente o como un animal. En efecto, la razón y el sentido natural muestran que el hombre debe creer la verdad y repudiar la mentira, mostrando también que nadie debe fabricar ni llevar la cuerda con la que le apresarán, atarán y arrastrarán. Y es igualmente claro que todo hombre debe intentar pasar sin peligro por aquel paso que sabe inevitable, lo quiera o no; y que mejor

---

[7] *Jn.* 14, 6.

provisión debe hacer el hombre en aquel albergue, en el que permanecerá por siempre, que en éste, del que partirá en breve para nunca retornar. Del mismo modo, no debe poner el hombre su corazón o su tesoro en el armario, donde sin duda no puede estar a salvo y acabará por perderlo.

Quien desee ser un perfecto cristiano debe, pues, pensar que, si conforma su vida al deseo y al amor de este mundo y no a los ejemplos y a la doctrina de Jesucristo, desprecia el consejo y la doctrina del Veraz y cree a quien miente en lo que promete, es decir, a este siglo, que promete alegría y bienestar en las riquezas, en los honores y en los placeres, y a los que suscitan más deseos, aflicciones y pesadumbres, y terminan por embaucarle y engañarle, como un prestidigitador que guarda en un paño algo hermoso y agradable, y al quitar el paño aparece algo feo y desagradable.

Del mismo modo, el mundo, en esta vida, parece que procura alegría y bienestar y, cuando termine su vida, el hombre encontrará todo lo contrario. Por esta razón dice san Pablo que es sabio quien se hace tener por necio en este mundo [8], puesto que este mundo sólo tiene por sabios a quienes ponen en él su amor y se esfuerzan por conseguir y poseer honores y riquezas; pero tiene por necios a quienes, despreciando esas cosas, no se configuran con él. Ya decía Salomón que el necio que va por el camino tiene por necios a cuantos ve, puesto que no son como él [9]. Así hace en sus juicios este mundo falso y demente, por lo cual quien no se quiera configurar con él sino con Jesucristo, es, según el apóstol [10], verdaderamente sabio, por dos

---

[8] Cf. I *Cor.* 3, 18.
[9] Cf. *Eccl.* 10, 3.

razones: la primera es porque Dios, que no puede mentir ni errar en su juicio, le tiene por sabio; la otra, porque hace lo que el sentido natural o entendimiento razonable le muestra que debe hacer.

Además, quien pone su amor en las cosas de este mundo, y no en la promesa de Jesucristo, es decir, en los bienes eternos y celestiales, él mismo fabrica y lleva la cuerda de su tormento. En efecto, aunque Dios no quisiese castigar en el otro mundo a los desobedientes, la razón natural muestra que quien pone su amor en los bienes de este mundo, se produce pesadumbre en el otro, al separarse de lo que más ama. En consecuencia, puesto que todos sabemos que dejaremos para siempre los bienes de este siglo, que ni nos seguirán ni volveremos jamás a ellos, cualquiera puede comprender con certeza que él mismo se ha provocado dolor y pesadumbre ilimitada en el otro siglo. Por el contrario, quienes hayan puesto su amor en Jesucristo y en su promesa, hallarán lo que siempre amaron, y tendrán que abandonar solamente lo que han despreciado y odiado siempre. Podemos, pues, por razón natural, tener seguridad de que se han procurado no tener nunca en el otro mundo dolor ni tristeza, sino alegría e ilimitado placer.

Y esta es la razón por la que el verdadero y perfecto cristiano, según dice san Agustín [11], no solamente no teme la muerte en su corazón, sino que incluso desea salir de esta vida a fin de poder conseguir lo que ama. Y por eso dice san Gregorio [12] que quien ama más permanecer en esta vida que morir y estar con nuestro Señor, muestra cierta-

---

[10] Vd. *Rom.* 1, 22.
[11] Cp. Migne, *PL.*, XI, 676.
[12] Cf. *PL.*, LXXV, 775.

mente que ama más este mundo que a Dios, pues
naturalmente toda criatura desea más que nada
estar con lo que más ama; y quien ama más la vida
y los bienes de este mundo que la vida celestial y
los bienes eternos, va de dos maneras contra la
razón natural: primera, porque ama y prefiere el
bien efímero más que el imperecedero, y hace como
un niño, que prefiere una fruta o un pájaro antes
que una ciudad o un reino; o como la bestia que
sólo ama lo que ve y siente en su presencia, sin
pensar en el porvenir ni preocuparse por él. Y le
ocurre lo que al que va río abajo en una barca, y
ve en la ribera una rama de higuera cuajada de
hermosos higos, y extiende la mano, y tira y aferra
la rama con tanta fuerza, que se sale de la barca
y se ahoga, perdiendo así todo lo que quería: la
barca, los higos y a sí mismo. De igual modo exactamente, en la barca de su cuerpo va cada uno
continuamente por el río de la mortalidad humana, y si extiende la mano para aferrar los placeres
de este siglo, sin cohibirla o esforzarse por retener-
la en el amor de Dios, sin duda se ahogará, como
antes dijimos. En segundo lugar, va contra la razón
natural en el sentido de que naturalmente el hombre desea ver cosas bellas y agradables, y así es natural que el hombre desee estar presente en una
boda o en la corte de un rey o de un gran señor.
En consecuencia, quien no desee estar en aquella
corte en la que podría mirar la belleza de nuestro
Señor y de su bendita madre, y la Majestad Divina,
y la multitud ordenada de los ángeles, y la diversidad de las gracias que poseen, muestra una gran
falta de sentido natural, y procede como un niño
o como una bestia, al modo de los paganos, que
no conocen ni tienen sentimiento de los bienes
eternos y celestiales, sino únicamente de los pre-

sentes en este mundo. Y todos éstos son los que
falsean la verdad y la religión cristiana, poniendo
su entendimiento y su amor en los bienes de este
mundo: los que se declaran cristianos por nombre
y bautismo, pero en la vida y en el ansia de tener
y de multiplicar los bienes de este siglo niegan, de
hecho, lo que Jesucristo mostró con su ejemplo y
su doctrina. Y por eso les llama san Pablo abominables, incrédulos y réprobos [13], puesto que nom-
bran a Jesucristo, y oyen misas, y ayunan en cuaresma y los viernes y las vigilias, pero lo hacen más
por costumbre o para plegarse al proceder común
que por devoción, o por deseo y amor de los bienes
eternos [14].

Muestra también carencia de sentido natural, y
que actúa como un niño o como un animal, en las
demás cosas y en los modos antedichos. Primero,
porque está seguro de que debe pasar, lo quiera
o no, por el paso de la muerte, y no se prepara
para pasarlo sin peligro y sin temor. También porque en el albergue de esta vida o de este mundo
se esfuerza por hacer gran provisión, mientras que
en el otro, adonde sabe que debe ir para permanecer sin fin, no guarda nada. Y además, porque pone
el tesoro de su pensamiento y de su deseo y de su
amor en el armario de este mundo, donde sabe
que perecerá y terminará por desaparecer; y no
se preocupa de ponerlo en el armario de Dios, donde ni se estropea ni perece.

Y quien quiera entender el sentido y el desacier-
to de lo dicho antes, recuerde la historia de los
dos compañeros de escuela, cada uno de los cuales

---

[13] *Tit.* 1, 16.
[14] «Invectiva contra les pràctiques externes, molt pròpia dels
beguins heterodoxos» (Batllori, *o. c.*, p. 436).

volvió a su tierra. Uno vendió su patrimonio y lo
entregó a los pobres por amor de Dios, y se hizo
eremita; el otro se esforzó por incrementar y por
multiplicar todos los bienes que su padre le había
dejado. Este último, después de mucho tiempo,
pasó por el lugar de donde era el que se había hecho eremita, y preguntó por él, y le dijeron que se
había hecho eremita, y le fue a ver, y le preguntó
cómo estaba. El eremita le respondió que pensaba
que ninguna criatura mortal estaría mejor que él,
puesto que se había asegurado la muerte. Al oír
esta respuesta el otro se maravilló mucho, y le preguntó por qué decía que morir seguramente sería
un gran bien. El eremita le respondió que lo podría
entender si pensaba en el viaje que hacía continuamente. «Y para que lo entiendas —dijo—, pregún-
tate si sabes con seguridad que has de morir.» Y le
respondió que sí. Luego le preguntó si sabía cuándo, a lo que contestó que no. Y siguió preguntán-
dole que cuánto había vivido, a lo que respondió
que más de cuarenta años. Después le preguntó
si en el tiempo pasado había obtenido placeres del
mundo. Respondió que muchos. Le preguntó luego
si sentía en sí mismo aquellos grandes placeres:
«Y no te pregunto —dijo— si te acuerdas de ellos,
sino si los llevas contigo». Respondió que no, ya
que daba por pasados los que había tenido. «Dime
ahora —dijo el eremita— si en el tiempo que es-
peras vivir tienes esperanzas de tener placeres y
deleites.» Respondió que sí. Y le preguntó si tenía
esperanza de tener tantos como en el tiempo pasado; respondió que no, puesto que ya había pasado
la flor y el vigor de su juventud. Al preguntarle si
al menos tenía esperanza de que al término de sus
días habían de volver a él los placeres que debiera
tener si los llevara consigo, respondió que no. Pre-

guntóle entonces si tenía esperanza de tornar tras
la muerte a los placeres que había tenido, y dijo
que no. «Entonces —dijo el eremita—, puesto que
sabes ciertamente que has de morir, y que ninguno
de los placeres de este mundo te acompañará ni te
seguirá cuando pases al otro por el paso de la muerte, ¿qué te dará placer o consuelo cuando hayas
pasado allá? Y puesto que sabes que has de atrave-
sar aquel paso, ¿encuentras en tu corazón algo para
poder pasar sin dolor, pesadumbre y miedo? Por
tanto, ya que dolor y tristeza te acompañarán al
pasar, y no tendrás ninguna certeza de placer que
te acompañe, habrás llevado una vida completamente necia, pues no has previsto tener placer y
consolación en el paso y después del paso». Com-
prendió el otro que le decía la verdad, y le rogó
que le mostrase cómo podría tener en aquel tran-
ce, y luego, seguridad y consuelo. Y le respondió
que si no amase los bienes que por la muerte debía perder y abandonar, y pusiese su corazón y su
amor en los bienes que no podría conseguir ni tener si no hiciese el viaje de la muerte, no solamente no la temería, sino que incluso la desearía.

«Y así —dijo— he hecho yo, despreciando y abandonando todos los bienes de este mundo, y poniendo todo mi deseo y mi amor en lo que Jesucristo
promete dar tras esta vida a los que le sigan. Y
en esta vida no quiero tener sino lo necesario para
subsistir y cubrir mi cuerpo, sin tener incluso de-
masiada ansiedad por esas cosas, ya que Dios pro-
vee de ellas copiosamente a sus amigos, y se cumple en mí su palabra, la cual dice en el evangelio
de san Mateo: *No estéis preocupados sobre qué co-
meréis, o beberéis, o vestiréis, pues vuestro Padre
celestial, que alimenta a los pájaros, que ni siembran ni recogen, os alimentará a vosotros, y El,*

que viste a los lirios, que no hilan ni tejen, os ves-
tirá a vosotros, pues bien sabe que esas cosas os
son necesarias. Buscad sin embargo el reino del
cielo y su justicia, y os será dado cuanto necesi-
téis [15]. Esta promesa basta al cristiano fiel; y a
quien no le basta es porque es incrédulo, o ignorante, o falsario de la verdad evangélica, al igual
que todos aquellos que aparentan en su conducta
atenerse a la perfección evangélica, es decir, a la
vida y al ejemplo y a la conversación de Jesucristo
y de los apóstoles y de los demás discípulos, y, por
otra parte, hacen lo contrario para procurarse en
lo posible cosas innecesarias, abandonando caridad,
humildad, paciencia, verdad de justicia y obra de
verdadera religión; de esa forma, bajo la apariencia
de querer seguir a Jesucristo, están inflamados del
deseo de ser apreciados y alabados y exaltados en
este mundo, sin que les abandone la fiebre y el
ardor de tener y acumular.»

Y cuando el que había ido a ver al eremita hubo
oído estas palabras, Dios le concedió la gracia de
llevar la vida que había llevado el eremita, y terminó sus días con gran perfección.

Tras haber declarado el fundamento que deben
principalmente observar quienes quieren llevar vida
espiritual, nos queda por declarar cuáles son las
dos cosas que deben evitar.

Una es la ociosidad, es decir que debe cada uno
procurar no ser vagabundo y ocioso, sino cuidar
de hacer alguna obra por la cual su corazón esté
ocupado en buenos pensamientos y en buenos deseos, como orar, o leer la santa escritura, o vidas
de santos, o escuchar palabras de santa doctrina.
Y quien pueda decirlas y mostrarlas a los demás,

---

[15] Cp. *Mt.* 6, 25-33.

que lo haga; y quien pueda oírlas, que las oiga diligentemente, y las retenga, y escriba algo sobre santa doctrina [16]. Y quien no pueda hacer estas cosas, que preste por caridad algún servicio corporal especialmente a los amigos de Dios, y sobre todo a los pobres necesitados, puesto que, según la verdad evangélica, debe estar más dispuesto y solícito a visitarles y consolarles corporal y espiritualmente, y mayor placer procura a Dios quien consuela a los pobres que quien consuela a los ricos. Y quien hiciese lo contrario, falsearía la verdad del evangelio, porque, como dice Santiago, Dios ha elegido principalmente a los pobres en este mundo, ricos en fe [17].

Y, si lo que hemos dicho no le va bien, haga al menos algún trabajo material que pueda ayudar a él mismo y al prójimo; pero sobre todo debe procurar cada uno que su molino muela trigo. El molino es el corazón de la persona, que continuamente pasa de pensamiento en pensamiento, de deseo en deseo; y el grano de trigo es nuestro señor Jesucristo, según está escrito en el evangelio de san Juan [18]. Por tanto, si el corazón piensa y desea lo que pertenece a Cristo, sin duda muele trigo, lo cual puede producir un perfecto alimento de vida; y si piensa en ambiciones o desea riquezas, molerá mijo; y si anhela placeres carnales, molerá fuego, estiércol o pez; y si desea algo con odio o de mala voluntad, molerá arena.

Y todos estos desastres sobrevienen rápidamente al corazón de quien anda errante, porque el ene-

---

[16] Esta exhortación a los fieles, incluso seglares, a escribir cosas piadosas, es un rasgo característico de los beguinos, y una de las cosas que más chocaba en su época.

[17] *Jac.* 2,5.

[18] Cf. *Jn.* 12, 24 y sigs

migo, que conoce la comprensión de cada uno, al
punto le tienta en aquel pensamiento o en aquel
deseo a que más inclinado le ve por su comprensión. Y quien pudiese limitar y cerrar su corazón
a pensar puramente en la dignidad de Jesucristo,
esa ocupación del corazón sería la más alta y la
más digna y la mejor de todas.

La segunda cosa que debemos evitar es la curiosidad, es decir el ansia y solicitud diligente de
tener o de saber o de ver lo que no es necesario
para esta vida ni ayuda a la salvación del alma.
En consecuencia, el verdadero cristiano, de nombre
y de hecho, debe preocuparse únicamente de estas
dos cosas; puesto que todo lo demás es superfluo,
el verdadero cristiano debe evitarlo, y, si no lo
hace, falsea ciertamente la verdad del cristianismo, y se relaja, y se asemeja a los paganos. Por
eso dice san Pablo que los discípulos de Cristo
quieren únicamente la vida y el vestir [19], y con
gran diligencia y cuidado cada persona que quiera
llevar vida espiritual debe esquivar este vicio. Por
este medio el diablo ha descarriado y lleva a la perdición a todo el pueblo cristiano, laicos, clérigos
y religiosos. Y así, a los laicos y a los clérigos seculares les hace hacer lo que no es necesario para la
vida ni útil para la salud del cuerpo ni del alma,
como llevar oro, plata, perlas y otras piedras pre-
ciosas en el vestido, en el cinturón, en el calzado,
o en las espuelas, en la silla de montar, en los fre-
nos, o incluso en delicados trajes polícromos que
usan. En un principio los cristianos no usaban estas cosas, pues sabían que eran vacuas y superfluas.
Pero el uso de lo vano y de lo superfluo ha hecho
caer al pueblo cristiano, sobre todo a los laicos y

---

[19] Cf. I *Tim.* 6, 8.

a los clérigos seculares, en la ardiente ambición de
acumular y de multiplicar riquezas incluso por medios desordenados, como usura, estafa, engaño, si-
monía, latrocinio y cualquier otro vicio, con tal de
poder mantener su vano y superfluo modo de vivir [20].

Y así como el diablo tiene engañado y descarriado a todo el pueblo cristiano mediante la curiosidad, cada estamento de él ha sido conducido por
igual a la perdición mediante algún aspecto especial de ese vicio, como por ejemplo los laicos y los
que tienen hijos pequeños: a todos les ha hecho Herodes, pues todos matan a sus hijos espiritualmente, así como Herodes les mató corporalmente. En
efecto, el verdadero cristiano debe enseñar a sus
hijos únicamente a conocer y a amar a Jesucristo
y a seguir sus pasos, para que vivan eternamente.
Y si, mientras la mente de sus hijos es nueva, la
llenan del licor celestial, apenas podrá luego co-
rromperla el licor terreno. Pero ellos hacen todo lo
contrario, y tan pronto como pueden les enseñan,
cada uno según su estado, a conocer y amar el siglo, para que se esfuercen por procurarse y guardar los bienes de este mundo; de esta forma, si
alguno se hace clérigo, lo hace principalmente para
tener beneficio eclesiástico. Y es tal la ceguera que
les infunde el demonio, que dicen que los tales niños serán hombres y mujeres de encumbrada posición que tendrán riquezas y honores en este siglo.
De esta forma, les quitan la salvación y la vida eterna, pues estando inflamados de amor por este mundo, no pueden luego inclinarse a seguir la vida de

[20] La crítica abierta contra la ostentación de riquezas y el
afán de lucro de los clérigos, tópica en la obra de Arnaldo,
está en la base de sus utopías reformistas y, en el fondo, fue
lo que le valió la condena de la Inquisición.

Jesucristo, ni hablan de ello por devoción sino por plegarse al proceder común.

Dos son los modos de curiosidad especial mediante los que descarría a los clérigos seculares: primero, aconsejándoles que acumulen, guarden y multipliquen riquezas y jurisdicciones temporales; y a ello les inclina bajo la apariencia de bien, dándoles a entender que con ello crecerá el culto y el honor de Dios en la Iglesia; y no conocen y no quieren conocer que eso es mentira y engaño, según lo dice la Escritura abiertamente en muchos lugares, y especialmente en Isaías y Jeremías, en Ezequiel y en el *Apocalipsis*. Y cuando les ha arrojado a esta curiosidad, con ocasión de ella les lleva al deseo y preocupación de aprender ciencias jurídicas, para regir y mantener los antedichos bienes temporales. Y así les aleja del estudio de la santa Escritura, en la cual y sólo en ella deben estudiar, por expreso mandato divino en muchos lugares; de esto les reprende en el evangelio de san Mateo, cuando dice: *Bien profetizó Isaías de vosotros diciendo: «Este pueblo me honra con los labios, pero su corazón está lejos de mí; y siguen las doctrinas de los hombres y no de Dios»* [21]. Lo mismo les recrimina cuando dice a Pedro: *Eres piedra de escándalo, porque no sabes lo que es de Dios, sino lo que es de los hombres* [22].

Esta perversión está tan arraigada en los clérigos seculares como en los reyes y en los hijos de los reyes, a los que nunca faltarían numerosos jueces civiles y doctores en los juicios temporales, y sin embargo, estudian en las leyes de los emperadores y en las constituciones y decretos papales,

---

[21] *Mt.* 15, 8-9; cp. *Is.* 29, 13.
[22] *Mt.* 16, 23.

que contienen sólo saber o ciencia de las cosas humanas, y dejan a un lado el estudio de la santa Escritura, que contiene saber de las cosas divinas, y toda la sabiduría que una criatura debe amar y desear y procurar, y además toda elocuencia y toda regla de justicia. Y los que Dios ha hecho para que sean estrellas en el cielo o águilas en el aire, tratan de ser carbón en la tierra o topo, que sólo quiere saber lo que es de la tierra y quieren actuar como abogados en la corte temporal quienes Dios quiere hacer sus asesores en la corte celestial. Esta perversión fue simbolizada mediante el pozo que hizo Isaac para dar agua a toda su casa, y los palestinos por la noche lo llenaron de tierra [23]. En Isaac, que quiere decir «risa», es significado nuestro señor Jesucristo, que es risa y alegría de vida eterna, y ha hecho el pozo del corazón humano y del intelecto del hombre, del que debe manar agua de sabiduría celestial para abrevar la casa de Dios, es decir, los fieles, como afirma san Pablo [24], y los palestinos, es decir, los amigos de este mundo, lo llenan de ciencia terrena por la noche, es decir, en las tinieblas y en la oscuridad de la ignorancia y del error.

Ha engañado y descarriado a los religiosos mediante la especial curiosidad de estudiar las ciencias filosóficas, dándoles a entender que no pueden aprovechar en la santa teología si no son buenos filósofos; y les ha obnubilado tanto que no pueden ver ni conocer el engaño y la mentira. El engaño estriba en que el cristiano (según dice el apóstol [25]), debe aprender sólo ciencia de piedad,

---

[23] *Gen.* 26, 15.
[24] *Heb.* 3, 6.
[25] Vd. I *Tim.* 4, 8 y 6,20.

único medio de producir para sí y para los demás fruto de vida eterna, y esa ciencia consiste, como el mismo apóstol expone, en el saber y la ciencia de la verdad de Jesucristo. Y por eso dice a los corintios que no quiere mostrar ante ellos otro saber que el de Jesucristo crucificado [26].

Y esos religiosos no se contentan con la ciencia de los apóstoles, sino que participan de la ciencia de los paganos, pues todas las ciencias filosóficas son comunes a los paganos, que las tuvieron antes que los cristianos. Pero la ciencia propia de los cristianos es aquella por la cual el hombre agrada y complace a Dios, y mediante la cual crece su amor a El. Es indiscutible que no por saber filosofía es el hombre más amigo de Dios, sino antes bien, más aficionado a discutir, a charlar y a protestar, y más mordaz, altivo e hipócrita. Y por esta razón les recrimina Jesucristo en el evangelio de san Mateo cuando dice: *Ay de vosotros, hipócritas, que recorréis el mar y la tierra,* es decir, los clérigos y los laicos seculares, *para hacer un novicio de vuestra orden, y cuando lo habéis logrado, le hacéis mayor hijo del diablo que vosotros* [27]. En efecto, si el novicio es listo y de linaje rico, no sólo le harán estudiar filosofía tres o cuatro años, sino diez o doce, y de esta forma, en lugar de mostrarle, como es su deber, la ciencia que le haría hijo de la gracia y de gran devoción, le llenan la cabeza de viento y de paja, haciéndole hijo de ira y fuente de vanidad. Luego, cuando le han hecho lector en teología o predicador, se esforzará sólo por ordenar y urdir, como dice Isaías [28], sutilidades filosóficas en leccio-

---

[26] I *Cor.* 2,2.
[27] Vd. *Mt.* 23, 15; «interpretat per Arnau a sa manera» (Batllori, *o. c.*, 448).
[28] *Is.* 19,9.

nes, en disputaciones, y en sermones y pláticas,
para ser alabado y tenido por gran maestro o por
gran clérigo.

Por dos cosas es, para los que saben reconocer
la verdad de Jesucristo, manifiesta esta mentira.
Primeramente, a la vista de los apóstoles y de in-
numerables discípulos, hombres y mujeres, que
nunca estudiaron filosofía, y supieron más de verdadera teología que todos los maestros actuales,
por gracia y por infusión del Espíritu Santo, el
cual, como claramente dice san Pedro en los *Hechos de los Apóstoles*, y san Juan en sus epístolas [29], concede Dios a todos los fieles. Y san Pablo
añade que Dios da a cada uno en la medida en que
debe ayudar o en la que quiere que produzca fruto [30]. En segundo lugar, porque dice san Juan en
el *Apocalipsis* [31] que el libro de la santa Escritura
contiene secretos puestos por Dios e impenetrables
para la inteligencia, y que solamente Jesucristo
puede abrirlo y cerrarlo a quien quiera. En consecuencia, es mentiroso quien afirma o da a entender que mediante la filosofía comprende el hombre
los secretos de Dios o de la santa Escritura.

Queda, pues, evidenciado que el diablo ha desviado ingeniosamente a todo el pueblo cristiano
de la verdad de Jesucristo, y lo ha dejado vacío,
sin otra cosa que la piel, es decir, la rutinaria apariencia eclesiástica, cuya fe es (como dice Santiago [32]) igual que la del diablo, que sabe bien y cree
que Jesucristo es Verdad, pero no haría nada de
lo enseñado por El. Y por eso Jesucristo compara
al pueblo cristiano de este tiempo con un odre pues-

---

[29] Cp. I *Jn.* 2, 20-27.
[30] Cp. *Ef.* 4, 7.
[31] Cp. *Ap.* 5.
[32] Cp. *Jac.* 2, 14-25

to sobre escarcha, porque dentro no tiene humor de
gracia ni espíritu de vida, y por fuera está estro-
peado y roto, sin que sea posible echar nada en él
ni calentarlo, ya que ninguna caridad lo calienta.
Y por eso lleva a todos al infierno, según lo afirma
Isaías cuando dice que el infierno se ha ampliado
para recibir a los mayores y a los menores del pueblo que se jactaba de ser pueblo de Dios [33].

Hemos declarado, pues, lo que deben observar y
lo que deben evitar cuantos quieran llevar vida espiritual y de verdaderos cristianos. Deben, en suma,
guardar siempre tres palabras de la santa Escritura. La primera es la que dice san Juan en su primera epístola: *Hijitos, no queráis amar el mundo
y las cosas del mundo, puesto que quien ama el
mundo no tiene en sí la caridad de Dios* [34]. La segunda está en la epístola de Santiago, cuando dice
a los falsarios de la verdad cristiana: *Adúlteros,
sabed que quien quiera ser amigo de este mundo
se hará enemigo de Dios* [35]. La tercera palabra está
en el Padrenuestro, cuando dice: *Hágase tu voluntad, como en el cielo, en la tierra* [36], en la que se
da a entender que cada persona que quiera vivir y
progresar en la verdad del cristianismo o de la vida
espiritual, debe en todos los aspectos y en todas
las cosas conformar su voluntad con Dios; por eso
no debe estar ansioso o preocupado por saber lo
que ocurrirá, ni lo que Dios hará en él o en los demás, o quién será papa o emperador [37]; hágase la

---

[33] *Is.* 5, 14.
[34] I *Jn.* 2, 15.
[35] *Jac.* 4, 4.
[36] *Mt.* 6, 10.
[37] Batllori indica (*o. c.*, p. 404 y 453), probablemente con razón, que éste es un buen indicio para fijar la cronología de
esta obra, viendo en él un reflejo de la problemática situación, planteada durante el pontificado de Clemente V, a pro-

idea de que todos somos asnos propiedad de nuestro Señor, que puede mandarnos al molino, o a por leña, o a llevar piedras o arena o lo que a El le plazca, y por todo debe estar alegre y contento, y decir: *Señor, no quiero que se haga mi voluntad, sino la tuya, por los siglos de los siglos, amén.*

---

pósito de la elección de Enrique VII de Luxemburgo. Entre la muerte de Alberto I (1 de mayo de 1308) y la elección de Enrique VII (27 de octubre de 1308), habrá verosímilmente que situar la composición de este opúsculo.

Puesto que muchos desean saber...

Nota preliminar

Este opúsculo carece de título en los códices, por lo que referimos a él por sus palabras iniciales, coincidentes en todas las versiones. La traducción italiana, publicada por Batllori[1], me parece que reposa claramente sobre un original latino, no sobre un modelo catalán. Buena prueba de ello son los latinismos generalizados, como por ejemplo las incorrectas omisiones del artículo. Lo mismo cabe decir de la traducción griega Ἐπειδήπερ πολλοὶ ἐπιθυμοῦσιν εἰδέναι, que ocupa las páginas 1-17 del códice de Leningrado, y en la que los latinismos son tan sensibles que ya B. de Montfaucon, al describir este códice —número 379 de su *Bibliotheca Coisliniana* (París, 1715)— antes de que su autor fuera identificado, afirmaba que debía tratarse de un texto traducido del latín. Por lo demás, sabemos por el inventario de los bienes de Arnaldo[2], que existía

---

[1] *Archivio Italiano per la Storia della Pietà* I (Roma, 1951), pp. 454-462.
[2] Publicado por R. Chabàs, en la *Rev. de Arch. Bibl. y Mus.* Segunda Serie, IX (1903), pp. 189-203. Nuestra referencia ocupa el número 111.

la versión latina: «Item alius liber qui incipit *Si quis intente desiderat scire*». El hecho de que la Sentencia de la Inquisición refiera a la versión catalana («Item dampnamus libellum qui incipit: *Per ço car molts desigen saber*, etc.»), indica sólo la intención purificadora del tribunal, que alude a la versión más difundida en Tarragona. Por otra parte, las razones por las que consideraron los inquisidores heterodoxo este escrito de Arnaldo no son muy convincentes, puesto que Arnaldo no dice que Dios nunca amenaza con la condenación eterna a los pecadores, sino que el pecado público se convierte en piedra de escándalo y es por ello más grave. ¿Faltan los excesos condenados por la Inquisición en nuestras versiones, o es que la Sentencia malentiende —en su animosidad contra Arnaldo— el verdadero alcance de sus palabras, más allá de una literalidad no muy afortunada? Probablemente esto último, aunque hay que reconocer que el traductor italiano mejora en ocasiones los pasajes heterodoxos para no escandalizar a sus lectores. Sea como fuere, en su forma actual, si no decididamente herético, este escrito cuanto menos linda la herejía en ciertos puntos, particularmente en lo tocante al general extravío del pueblo de Dios por medio del diablo, y, tomadas al pie de la letra, en algunas afirmaciones sobre la misericordia de Dios.

PUESTO QUE MUCHOS DESEAN SABER...

Puesto que muchos desean saber lo que voy denunciando por todas partes a propósito de los cristianos, quiero, para honra de Cristo y para aviso y defensa de todos los amigos de la verdad evangélica, repetirlo brevemente y por escrito ante el Señor [1].

Afirmo que todos los cristianos que quieran procurarse y obtener la gloria celestial (es decir, vivir sin fin con Dios), deben, mientras vivan en este mundo, vivir en la verdad del cristianismo y terminar en ella su vida, pues ninguno puede salvarse sin ser verdadero cristiano.

Afirmo además que todos los que tienen uso de razón, si quieren vivir y morir en la verdad del cristianismo para obtener la vida eterna, no solamente deben ser bautizados, y oír misa, y creer en su corazón, y confesar con su boca todos los artículos de la fe católica; es necesario además que se configuren obedientemente con Jesucristo en sus obras, y que la reverencia que deben tener hacia su doctrina y sus ejemplos, la manifiesten y pongan en práctica mediante obras, para no creer sólo de corazón y de lengua.

Afirmo también que sin la obra de la dicha obediencia no se puede ningún adulto salvar, como lo dice la Escritura de Dios. Primero por lo que dice Cristo en el evangelio de san Mateo: *No todo el que me dice «Señor, Señor», se salvará, sino quien hace la voluntad de mi Padre* [2]. Y san Juan, en la

---

[1] Con frecuencia hace Arnaldo resúmenes y declaraciones programáticas de su pensamiento teológico, como había hecho ya en la *Confessio ilerdensis* y en la *Confessió de Barcelona*. En este escrito, buen resumen de sus puntos de vista, manifiesta claramente que su principal preocupación, en esta fase final de su vida, no es el dogma sino la moral. Nuestro autor es, ante todo, un moralista, y trae a colación el dogma para urgir a la adopción de medidas prácticas. Como tantas veces en los autores cristianos, vemos que se fundamentan unas actitudes de elevada moralidad en unos principios de dudosa base conceptual. Por las referencias a otras obras suyas podemos fechar este escrito de Arnaldo en 1309.

[2] Cf. *Mt.* 7, 21

primera de sus epístolas, dice: *Quien afirma que está en Cristo, debe andar como Cristo anduvo*[3], es decir, hacer sus obras. Y allí mismo declara san Juan cuáles deben ser estas obras, diciendo: *Quien cree que Jesús es Hijo de Dios, vence al mundo*[4], es decir, quien cree que Jesús es verdad en lo que enseña, debe vencer la vanidad de este mundo, como la venció Cristo. Y por eso añade: *Hermanos, amaos unos a otros no con palabras o con lengua, sino con obras y con verdad*[5]. Y eso mismo muestra san Pablo al decir: *En Cristo no vale nada la circuncisión, sino la fe que actúa mediante la caridad*[6]; con lo cual muestra que quien tiene fe en Cristo no será salvado si no le ama, de forma que por su amor haga lo que El manda, pues El mismo dice: *Quien me ama observa mis palabras; quien no me ama no observa mis palabras*[7], es decir, que ese es el signo inequívoco del amor. Y san Gregorio explica esta palabra diciendo: «La prueba y la certeza del amor es el ponerlo en práctica»[8]. Esto se prueba también mediante la epístola de Santiago, que dice: *Fe sin obras es fe muerta*[9]. Y dice la *Glosa*[10] que sin eso no se puede salvar ningún adulto, aduciendo el ejemplo de los demonios, que creen que Cristo es Señor de todo el mundo, y dice el evangelio que lo confesaban de palabra cuando

---

[3] I *Jn.* 2, 6.
[4] I *Jn.* 5,5.
[5] I *Jn.* 3, 18.
[6] *Gal.* 5, 6.
[7] *Jn.* 14, 23-24.
[8] Vd. *PL.*, LXXVI, col. 1100.
[9] *Jac.* 2, 26.
[10] La *Glossa ordinaria*, editada en Migne (*PL.*, CXIII-CXIV), no comenta este pasaje, pero la referencia de Arnaldo, que la cita con buen conocimiento en otras ocasiones, es un dato más, entre otros muchos, para pensar que la *recensio* que poseemos de la *Glossa* de Walafrid Estrab. no ofrece el texto completo.

decían: *¿Qué tienes tú que ver con nosotros, Jesús, hijo de Dios?* [11], y de otras muchas maneras; pero no hacían lo que Cristo mandaba, porque no le amaban. De esta forma, quien cree que Cristo es Señor y Verdad, y no hace lo que Él manda sino lo contrario, es sin duda un falso cristiano. Y dicen san Pedro y Tadeo [12] que es mentiroso y escarnece la verdad evangélica; y sin duda, si no torna a la verdad del cristianismo con las obras y la vida que el verdadero cristiano debe llevar, será condenado como los diablos, puesto que, como dice Santiago [13], más culpable es que los diablos, ya que ellos temen a Jesucristo y dejan en ocasiones de hacer el mal por temor a Él, mientras que el falso cristiano no deja de hacer cualquier mal y lo que es contrario a Cristo ni por amor ni por temor.

Afirmo además, por ser cosa declarada por todas las Escrituras antes aducidas, que para cosechar la vida eterna mediante la verdad del cristianismo, debe todo hombre adulto configurarse con nuestro señor Jesucristo en sus obras, perseverando en ello hasta la muerte, y digo que debe estar alerta y vigilar atentamente para no apartarse de esta verdad; y especialmente debe estar prevenido para no ser corrompido, engañado o dolosamente arrastrado por una loca y réproba esperanza, o por una doctrina sofística y corrupta.

Y afirmo que loca esperanza es cuando el hombre se aferra a no cumplir los mandamientos de Dios y su doctrina en la esperanza de vivir mucho en este mundo, puesto que ningún privilegio o gracia mundana puede certificárselo, ni la juventud,

---

[11] *Mt.* 8, 29.
[12] Vd. 2 *Petr.* 3,3; *Jud* 18.
[13] Vd. *Jac.* 2, 19.

ni la fortaleza, ni su complexión o salud, ni el linaje, ni el poder, ni ninguna ciencia humana; y así,
jóvenes y viejos, niños y reyes, hijos de los reyes
y nobles, y todos los tipos de hombres, han de morir, sin que ninguno sepa cuándo ni cómo ni dónde.
Hemos reflexionado prolijamente sobre esta locura en el *Libro de la vida espiritual*.

Réproba y maldita esperanza tiene quien, por
esperanza de la misericordia de Dios, no se recata
de pecar mortalmente, pues la Escritura dice en el
Eclesiástico [14]: *Maldito el que peca en la esperanza*,
es decir, contra la misericordia de Dios, puesto
que así el hombre es lo más culpable que puede
ser. Quien peca sin esperanza solamente ofende a
Dios transgrediendo su mandamiento, mientras que
quien peca con la dicha esperanza hace más: blasfema de Dios más que ninguna otra criatura, porque da a entender que Dios da licencia para pecar,
diciendo con ello que Dios es pecador pues consiente el pecado; también da a entender que Dios
es necio e ignorante o injusto, dado que dejándole
pecar y dándole licencia para hacerlo, le dará el
paraíso, al igual que a los que evitaron el pecado
y sufrieron martirio por su amor. Muestra también que Dios está loco, ya que quiso, evitando todo
pecado y sufriendo muy cruel y vil muerte, entrar
en el paraíso, del cual era y es Señor; y sin embargo, si por su misericordia da licencia para pecar a
aquellos que quieren entrar en el paraíso, se sigue
que no sólo estuvo loco, sino loquísimo: y todas estas blasfemias y ultrajes dirige contra El quien
peca esperando en su misericordia; por todo ello,
el que así procede es maldito sobre todos los demás hombres, puesto que en la misericordia de Dios

---

[14] Esta cita parece inexacta.

no debe esperar quien peca y quiere pecar. Quien trata, por el contrario, de evitar el pecado y se arrepiente de los que comete, no dejará de tornar a Dios, pues el arrepentimiento le llevará a dejar el pecado y a tener dolor y pena, por reverencia a Dios, de todos los pecados que le hacen desesperar y no creer posible que la misericordia y la bondad de Dios sean tan grandes que le recibirá en su gracia. En este sentido, y sólo en él, hay que entender que es grande la misericordia de Dios. Pero quien la entiende como un tener licencia para pecar, es más maldito que el diablo, por la citada razón.

Hemos referido, pues, de qué manera una esperanza loca y réproba arrastra a los cristianos fuera del cristianismo y de su verdad, sin la cual no se puede el hombre salvar, llevándoles a una doctrina sofística y corrupta: sofística, porque llama verdad al engaño; corrupta, porque contiene error y va contra la doctrina y la verdad de Jesucristo. A dos tipos de personas daña esta doctrina.

Por una parte, a los que por amor de la vida carnal son siervos de grandes pecados, como soberbia, ambición, avaricia, latrocinio y cosas por el estilo. Estos hombres, cuando están con sus allegados, amigos o conocidos, nunca reprochan los pecados, especialmente los que ellos cometen, puesto que saben que hablarían contra ellos mismos; y antes bien desearían que los demás hombres estuviesen involucrados en sus pecados o en otros por el estilo, para que ninguno le pudiese reprender ni recriminar. Y así, en sus conversaciones con sus allegados y conocidos, dirán únicamente lo que piensan que les puede agradar, e inducir a pecar o a perseverar ocultamente en el pecado, para que los demás no conozcan los suyos y puedan, a su vez, ser excusados de sus pecados. Y por esta razón

alabarán la fe del hombre y la misericordia de
Dios, y darán ejemplo de aquella virtud diciendo:
«Ved, amigos, cuán grande es la misericordia de
Dios y la fe del hombre, que al ladrón crucificado
con Cristo, que nunca había hecho otra cosa que
maldades, sólo por la fe que tuvo en él, y por su
misericordia, le dio el paraíso». En estas palabras
es evidente que dice verdad en cuanto que alaba
las antedichas virtudes; pero no menos cierto es
que las ha alabado con engaño, sembrando ocultamente el error. En dos puntos puede el hombre reconocer el veneno de esta doctrina: primero, porque con sus palabras induce e invita a los demás
a una loca y réproba esperanza, y a pecar y a perseverar en el pecado; segundo, porque no menciona
la verdad que llevaría a los demás a evitar los pecados, es decir, la doctrina y la justicia de Dios,
tanto en general como en particular. En general,
en cuanto que deja de hacer mención de la justicia,
pues debería decir que la justicia de Dios castiga
terriblemente a todos los que por esperanza de su
misericordia pecan o perseveran en el pecado. En
particular, en cuanto que deja de hacer mención
de la justicia, puesto que en el caso de la justicia
del ladrón que pone como ejemplo, no dice toda
la verdad, ya que el ladrón no cosechó en aquel día
el paraíso por la sola justicia de la fe, sino por justicia de obra en cinco modos, procediendo con más
justicia que nadie antes que él. Lo primero fue que
en aquella época, cuando Cristo no tenía ningún
título de autoridad o de señorío o de alteza, sino
que era escarnecido y confundido, y el primer papa
que había nombrado había renegado de El, y los
primeros cardenales huyeron y le abandonaron, y
los parientes aparentaban no conocerle mientras
sus enemigos le crucificaban, hizo el ladrón cinco

cosas: primero, se encaró con su compañero, diciendo que Cristo era crucificado injustamente y sin razón; segundo, soportaba la pasión que él mismo sufría reconociendo que la sufría justamente; tercero, confesó de palabra que Cristo era Señor, en medio de sus enemigos los fariseos, diciendo: *Señor;* cuarto, se arrepintió y le pidió misericordia, diciendo: *Acuérdate de mí cuando estés en tu reino* [15]; quinto, después de haberlo confesado e implorado, nunca más pecó, sino que perseveró en la verdad del cristianismo y de la penitencia.

Habéis oído cómo los citados falsarios dejan de hacer mención de la justicia y de la doctrina contraria a su intención. Para mostrar que ninguna persona adulta se puede salvar, por más fe que tenga, si no hace hasta su muerte obras de justicia y de caridad, Cristo compara en el evangelio el reino del cielo a diez vírgenes [16], de las cuales cinco prudentes, que estaban siempre preparadas mediante obras de caridad, entraron con el esposo eterno en el reino del cielo; pero las cinco necias, que no estaban preparadas, no pudieron entrar. La santa exposición dice que por las vírgenes entendía Cristo las almas informadas por la fe evangélica; y así las cinco necias eran vírgenes como las demás, pues su fe era sincera y no corrupta; pero, como no hicieron con aquella fe obras de justicia y de caridad, fueron castigadas. Sobre la base de este ejemplo, amonesta Cristo a todos los fieles diciendo: *Vigilad, orad y estad preparados, porque no sabéis el día ni la hora,* recomendando que quien quiera salvarse esté preparado mediante las citadas obras.

Pero esos falsarios de que venimos hablando

---

[15] Vd. *Lc.* 23, 42.
[16] Vd. *Mt.* 25, 1-13.

muestran tácitamente lo contrario, es decir, que
nadie se preocupe de estar preparado, y por ese camino caen en el juicio del Anticristo, ya que san
Juan en su primera epístola dice: *Todo espíritu
que desune a Jesús* (es decir, hablando contra su
doctrina) *no es de Dios* (es decir, ministro suyo),
y ese es el Anticristo [17]. Además, también por otros
medios mezclan estos falsarios la verdad con el engaño, sembrando error, al decir: «Allegados y amigos: mucho conforta la palabra que dice Dios por
el profeta Ezequiel: *En cualquier momento el pecador, si se arrepiente en su corazón, vivirá vida
eterna y no morirá* [18]. Lo cual es pura verdad, pero
quien así habla no lo hace por la devoción que hay
en ella, sino por el engaño, la iniquidad y la astucia antedicha, es decir, para excusarse de su malicia; y así quiere dar a entender que cada uno debe
contentarse con la penitencia final, a la hora de la
muerte, y que no necesita hacer el bien o sentir re-
mordimiento del pecado hasta la muerte.

El veneno de esta doctrina es tan grande, que
no sólo dimanan de ella los defectos y los inconvenientes citados, sino que también trata de cerce-
nar la razón natural en aquellos que la escuchan,
puesto que todo hombre sabe con certeza, por razón natural, que el corazón se inclina y arrastra
más prestamente al amor o al deseo de las cosas
usuales que al de las no usuales: y así, si el hombre a lo largo de su vida carnal pone su amor en
este siglo y no procura llevar vida espiritual ni
poner su amor en Dios, cierto es que al final, al
menos por lo que a su costumbre respecta, no podrá súbita y vigorosamente levantar el corazón del

---

[17] I *Jn.* 4,3.
[18] *Ez.* 18, 21.

amor de este mundo, y ponerlo perfectamente, con pura y plena devoción y contricción, a amar las cosas que no acostumbra (es decir, la vida espiritual y las cosas de Dios), y a odiar las cosas del mundo a las que está acostumbrado; y, en consecuencia, al menos en lo que respecta a sus costumbres, tendrá dolor y pesar al ver que debe abandonar las cosas continuamente usadas, y no cabe duda de que todos los que al final tengan dolor o pesadumbre de partir de las cosas temporales, serán castigados.

Por esta razón dice san Agustín [19] que los que sólo al final hacen penitencia, pueden estar seguros de que recibirán los sacramentos de la Iglesia, y es cierto que por la virtud de esos sacramentos (la cual nace y mana de la misericordia de Dios) se pueden salvar, si los reciben dignamente; pero no es seguro que se salven, puesto que los mortales no tienen seguridad de si los reciben con plena y pura devoción y contricción, y sin pesadumbre por abandonar las cosas acostumbradas y amadas. En esto se puede conocer el desmedido engaño a que tratan de inducir los citados falsarios cuando alaban la misericordia y las demás virtudes de Dios.

En esta misma línea de conducta, reprobarán muchas veces algún pecado, para encubrir y excusar su malicia y para inducir a los demás a parecerse a ellos. Y así, el público usurero o adúltero dice a sus vecinos que el pecado de idolatría, en el cual se reniega de Dios, es tan horrible que se dejaría antes torturar que consentir en él; pero no lo dice porque crea que debe esquivar aquel pecado más que los demás, sino para hacer creer que su público pecado es cosa de nada, y no hay por qué consi-

---

[19] Cp. *PL.*, XXXVII, col. 130.

derarlo grande, y así, a la sombra de una verdad quiere sembrar gran falsedad y ruindad. En efecto, es cierto que el pecado de idolatría es mucho más repugnante y abominable que el de usura o fornicación; pero, en cuanto al fin y al efecto del pecado, mucho más repugnante y abominable es ante Dios usura pública y fornicación pública que idolatría oculta, pues el fin y el fruto del pecado es arrebatar a Dios el alma, y el que adora ídolos en secreto, sin que nadie lo sepa, arrebata a Dios sólo su propia alma, pero el usurero y fornicador público arrebata a Dios su alma y la de todos los que le tomen como ejemplo; y, para significar esto, no se dice en la Escritura: «¡Ay de quien peca!», sino *¡Ay de aquél por quien viene el escándalo!* [20], es decir, los malos ejemplos, haciendo pecar a otros.

Habéis oído cuál es la sofística y corrupta doctrina que profesan los que aman la vida carnal y son siervos de grandes pecados. El otro tipo de personas que profesan esa doctrina son todos aquellos que se enfrentan a la verdad de la santa doctrina por deseo de vanagloria, es decir, para ser tenidos por sabios: tales son lógicos, o filósofos naturales, o médicos, o jueces. Todos ellos discuten la verdad de Dios ante los laicos y los simples, y estorsionan y perturban su edificación con sus controversias verbales. De éstos dice san Pablo a Timoteo: *No discutáis en disputas vanas, que para nada sirven, si no es para perdición de los oyentes* [21]. Y luego dice: *Su palabra cunde como la gangrena,* es decir, corrompe a los fieles como la enfermedad de la gangrena roe los miembros.

Y quien quiera observar la verdad del cristianismo, debe con simplicidad y devoción escuchar y

---

[20] *Mt.* 18,7.
[21] 2 *Tim.* 2, 14-17.

retener la doctrina que está fundada sobre la verdad de Cristo, puesto que debe estar seguro de que ningún saber es tan veraz ni tan útil como el de Cristo; y así, debe dejar que su intelecto, su sutileza y su sabiduría sean cautivados por aquella verdad. Por eso dice el apóstol a Timoteo: *Quien no cree en las saludables palabras de nuestro señor Jesucristo y en la doctrina de piedad, es orgulloso, nada sabe, y desvaría en disputas y vanidades, de donde nacen envidias, contiendas, blasfemias, suspicacias, porfías de hombres de inteligencia corrompida y privados de la verdad* [22]; en efecto, el verdadero cristiano no debe querer ni saber otra cosa que lo que Cristo mostró, ni debe decir ni mostrar a los hombres algo diferente. Y así, dice san Pablo a los Efesios: *Ninguna mala palabra salga de vuestra boca, sino solamente las buenas para edificar en la fe de Cristo, a fin de que los oyentes reciban la gracia de Dios* [23].

Habéis escuchado, hasta el momento, la declaración de los dos puntos que al principio propuse: el primero fue que cada cristiano que quiere vivir en la verdad del cristianismo para obtener la vida eterna, conviene que en sus acciones se conforme con Cristo; el otro, que debe guardarse diligentemente de no ser apartado de esta verdad por una esperanza loca y réproba, ni por una doctrina sofística y corrupta. Nos resta aún por declarar cuáles son las obras en las que el verdadero cristiano se debe configurar con Cristo, y sin las cuales ningún cristiano puede vivir en la verdad del cristianismo.

---

[22] I *Tim.* 6, 3-5.
[23] *Ef.* 4, 29.

Y afirmo que son las de llevar la cruz de Cristo;
y la razón es que así como Cristo restauró a todos
sus amigos para la salvación eterna principalmente mediante su pasión en la cruz, del mismo modo
debe el cristiano que quiere obtener aquella salvación crucificarse a sí mismo con Cristo. Y la necesidad de hacerlo la muestra Cristo en el evangelio de san Mateo, diciendo: *El que quiera venir
tras de mí, niéguese a sí mismo, coja su cruz y sí-
game*[24], es decir, renunciando a su querer y deseo,
solicitud y entendimiento, por el querer de Cristo,
con la cruz propia, es decir, en la que él mismo
sufre aflicción por Cristo; en efecto, si tuviese presente la pasión de Cristo, y en su memoria no su-
friese aflicción, no llevaría su propia cruz, sino la
de otro, por eso dice que la debe llevar 'propia', y,
llevándola, debe seguir a Cristo, es decir, configurar cuanto pueda su vida con El.

Conviene, pues, saber, cuál es esta cruz sin la
que nadie puede conformarse con Cristo en la pasión. Dicha cruz no es material, puesto que es cierto que muchos santos eremitas y monjes y otros
confesores fueron verdaderos cristianos, y no fueron materialmente crucificados; pero también es
cierto que todos llevaron la cruz espiritual, por la
cual Cristo se dejó poner en la material: y ésa es
la cruz que debe llevar cada cristiano verdadero,
sin la cual no se puede configurar con Cristo.

Esta cruz espiritual tiene cuatro brazos, en cada
uno de los cuales debe el hombre sufrir aflicción
por Cristo.

El primer brazo, por el cual sube el cristiano a
esta cruz, es el de abajo en el cual se halla la verdadera humildad; y por este mismo brazo subió Jesu-

---

[24] *Mt.* 16, 24.

cristo a la cruz material, según san Pablo, que dice: *Cristo se humilló a sí mismo, hecho obediente hasta la muerte de cruz* [25], es decir, la más vil, por obedecer al Padre. Y que ninguno puede salvarse sin este brazo, lo muestra Cristo en el evangelio al decir: *Si no os cambiáis y volvéis como niños, no entraréis en el reino del cielo* [26], es decir, si no os configurais con las propiedades de un niño, que son éstas: la primera, que no tiene de sí mismo un alto concepto, es decir, que no se supravalora, y así, si es hijo del rey y ve al hijo de un porquerizo, si no se lo impiden, gustosamente correrá a estar y a jugar con él antes que con el mayor barón de la corte, pues no cree tener ninguna superioridad sobre él, y le considera semejante: y así, el verdadero cristiano, por ninguna gracia corporal o espiritual desprecia a los demás, o se burla de ellos considerándose superior, como declaramos en el *Libro sobre la caridad*. La segunda propiedad del niño pequeño es que no piensa nada con malicia, ni contra Dios ni contra el prójimo; y así debe ser el verdadero cristiano. La tercera propiedad es que teme a sus mayores, es decir, a su padre, a sus señores y a sus maestros; y así el auténtico cristiano, por verdadera humildad, debe temer a Dios, y de ahí procede la aflicción que debe sufrir en este brazo, puesto que debe pensar en los juicios de Dios, temporales y eternos, y temer tanto los unos como los otros.

El segundo brazo, el derecho, por el cual Cristo se dejó crucificar, es la justicia, es decir, la virtud de dar a los demás lo que les pertenece, a Dios y al prójimo: a Dios, obediencia y reverencia; al pró-

---

[25] *Fil.* 2,8.
[26] Vd. *Lc.* 18,17; *Mt.* 19, 13-15; *Mc.* 10, 13-16.

jimo, inocencia y fraternidad. Y que sin este brazo
el hombre no se puede salvar, muéstralo Dios cuando dice por Salomón: *El día de la venganza* (es
decir, del juicio) *no ayudarán las riquezas y los te-
soros, y sólo la justicia liberará de la muerte* [27] (a
saber, eterna). En este brazo debe el cristiano sufrir una muy notable aflicción, es decir, dolor y desagrado de las injurias hechas a Dios, y de las injurias hechas al prójimo; de otro modo no tiene en
sí justicia.

El tercer brazo, el izquierdo, de esta cruz espiritual es la paciencia en las adversidades; para dar
ejemplo de esto Cristo se dejó crucificar. Y que
sea necesario para salvarse, lo muestra en el Evangelio cuando dice: *En vuestra paciencia poseeréis
vuestra alma* [28], es decir, la pondréis en estado de
salvación (que esto es poseer), teniendo paciencia
en las adversidades. En este brazo debe el auténtico cristiano sufrir aflicciones, puesto que debe
tener compasión de los que le injurian, ya que ofenden a Dios. El modo de manifestar este dolor lo
he descrito ya en el *Libro sobre la caridad*.

El cuarto brazo, el superior, es la caridad, puesto que es la virtud más soberana, por la cual Cristo se dejó crucificar para, en su amor, redimir y
salvar a todos sus amigos. Y en este brazo debe
el auténtico cristiano sufrir aflicción en memoria
de la pasión de Cristo, no solamente pensando en
su delicada complexión y en lo refinado de sus sen-
timientos y en toda la crueldad de la pasión, sino,
más aún, peregrinando, viajando y haciendo obras
de misericordia por aquella memoria, como escri-
bimos en el *Libro de la limosna y del sacrificio*.

---

[27] Alusión a *Sab.*, cap. 5.
[28] *Lc.* 21, 19.

Y el que este brazo es necesario para la salvación, puede conocerse claramente por lo que hemos escrito en el *Libro sobre la caridad*.

Deo gratias, amen.

APÉNDICE I

Las virtudes del romero

Nota preliminar

En la literatura médica de la Edad Media, Arnaldo ocupa un lugar eminente entre los autores que han descrito plantas medicinales y preparados farmacéuticos a partir de ellas. Una de sus obras más claramente genuinas, el *De Simplicibus*, enumera sistemáticamente un buen número de plantas medicinales, siempre en la línea de una farmacología práctica, como ocurre también en el *Tractatus de venenis*.

No es de extrañar que el prestigio de nuestro autor diera pie a que le atribuyeran otros textos de índole farmacológica y de marcada orientación práctica, entre ellos este de *Las Virtudes del Romero*, que en su forma actual no puede remontarse a Arnaldo, pero que parece reposar sobre un núcleo genuinamente arnaldiano. Una prueba sería el fragmento latino que se encuentra en el Mss. 5-1-45 de la Bibl. Colombina de Sevilla [1], y otra el fragmento castellano que se encuentra en el Mss.

---

[1] Fol. 167. Vd. G. Beaujouan, «Manuscrits médicaux du Moyen Âge conservés en Espagne», en *Melanges de la Casa de Velázquez*, VIII (1972), pp. 175-176.

2328 de la Biblioteca Nacional de Madrid [2]. Para
que pueda el lector formarse una opinión propia
hemos decidido publicar este curioso opúsculo en
su versión más amplia, la dada por las ediciones.

En efecto, este texto solía editarse detrás del *Libro de Medicina llamado Macer,* que es una paráfrasis muy libre de los párrafos IX a XVIII del
Regimen Sanitatis compuesto por Arnaldo en 1307
para Jaime II. Hemos visto ejemplares editados en
Burgos en 1518 [3], en Granada en 1519 [4] y en Valladolid en 1527 [5]. Reproducimos el texto de la edición granadina porque sus particularidades léxicas
y ortográficas, ligeramente retocadas en la edición
vallisoletana (que es más correcta), pueden ser de
interés para la historia de la lengua.

LAS VIRTUDES DEL ROMERO

Aqui comiençan las reçebtas del romero en que
declara las grandes virtudes que tiene: et otras reçebtas muy maravillosas.

Muy maravillosa reçebta de las virtudes del romero en especial dela flor del qual se hazer azeyte
conel qual obraras y curaras infinitas passiones de
enfermedades et primeramente este conforta mucho
el coraçon et da fortaleza a los miembros enflaquecidos et cura a los que tiemblan la cabeça: et las
manos et quita las manzillas dela cara et conserva
a la persona que se untare el rostro en juventud:
et si pusiere una gota enlos ojos que tovieren te-

[2] Pp. 134v-136r.
[3] Ejemplar en la Biblioteca Nacional de Madrid. Sing.: R/9.017.
[4] *Ibidem.* Sign.: R/11.767.
[5] *Ibidem.* Sign.: R/620. Se trata de un bellísimo impreso, no
mencionado por los repertorios bibliográficos más usuales.

las enellos o manzilla o lagrima que empache la
vista todo lo deshaze et sana et ponlo por tres
vezes. Otrosy aprovecha mucho a aquellos o aquellas que tovieren enlos miembros algund mal et se
untaren con este azeyte seran sanos. Otrosy aprovechan a todos los dolores de frialdad o de humor
descendientes coyunturas. Otrosy aprovechan a los
pacientes dela passion de colica et aprovechan a
las enfermedades delas mugeres de tañimiento de
la madre. Otrosy aprovechan a qualesquier enfermos de postemas.

Otra reçebta:

Este es el secreto muy maravilloso de como se
ha de sacar el azeyte de la flor del romero. Sepas
que maestre arnaldo de villa nova estando en Ba-
vilonia estava ende un moro muy grande filosofo et
maestro en medecina et era muy grande astrologo.
et rogole muy ahincadamente que le enseñasse hazer el olio dela flor del romero: et el moro le dixo
pues te he enseñado las virtudes del romero. Pla-
zeme de te enseñar a hazer el azeyte de la flor del.
et dixo el moro al christiano. Amigo sabe que una
delas mas exçelentes virtudes quel romero tiene
es en flor que se haze assy como miel ha manera
de balsamo et es muy grande secreto en medeçina:
et la manera del dicho olio de como se ha de hazer
es esta.

Toma la flor del romero que sea limpia y pura
y metela en una redoma de vidrio et hinchela muy
bien dela flor en manera que no aya alli otra cosa:
salvo que ella sea pura: et sea bien atapada con
çera gomada por manera que no pueda salir nin-
gund licor del vapor si no que sea bien cerrada et

atapada conla cera. E assi preparada la redoma sea
puesta en arena hasta la meytad et dexela estar al
sol et al sereno por treynta dias despues quitalo
de alli et abrela et colareys lo que dentro hallardes
en manera que dela flor no caya cosa alguna: con
un paño delgado de lino limpio et sea bien espre-
mido que no quede cosa alguna de olio enla flor
et ello sea puesto enuna redoma de vidrio et çierre-
la muy bien como de antes estava et sea puesta al
sol et al sereno por cinquenta dias et hazer se ha es-
peso como miel et despues el dicho olio sea bien
guardado et coneste olio untaras alos pacientes enfermos enlos logares en que se sintieren pena et
passion. Ansi al dolor de la cabeça como al dolor
de todo el cuerpo et seran muy bien reparados el
grand dolor que esta enel celebro: et aun alos paños delos ojos et maculas et lagrima. E ansi mesmo
alimpia todas et qualesquier mauzillas que este enel
rostro. et assy mesmo tiene virtud que conserva et
guarda en su joventud: et tambien alas nubes que
se hazen enlos ojos: et al paño et ala lagrima. E
para curar esto toma ala noche et hecha una gota
de aqueste olio enel ojo que esta et aquesto se haga
por tres vezes et luego sera sano et guarido el paciente et queda la vista muy clara et buena: et assy
cura todos los males del cuerpo maravillosamente.
E sabed que haze prueva del balsamo que sy una
gota deste olio lançares enel agua luego se yra alo
fondo. juntamente assi como sifuesse balsamo.
Otrosy dize que sy la flor del romero et las hojas
del cañamo verdes o secas fueren puestas en una
caldera llena de agua et la pusieran acozer hasta
que mengue un tercio et tenga hecha una estufa
de madera o en un baño arteficial: et se lavare enel
mes dos vezes: et lo continuare sepa que bivira sano
enlos dias que dios le prometio et sin ninguna en-

fermedad et renovarse ha su carne en juventud del
aguila. E secreto es de fuera dela medecina.

Otra reçepta

Otrosy diyo este moro que la flor del romero
echada enla miel: E primero sea espumada la miel.
Antes que la dicha flor sea echada. et assi que despues sea hecho letuario della ha manera de miel ro-
sada. et assy que la persona que lo continuare a
comer ala mañana en ayunas y ala noche quando
se hechare que tenga el estomago breve ordenado
de vianda sera guardado de enfermedad encubierta.
et por consiguiente delas enfermedades que se de-
muestran et hasta que hazen todas operaciones de
fina atriaca: o de balsamo. et usar este letuario es
cosa muy maravillosa para toda sanidad delas personas.

Otra reçepta

Dize maestre Arnaldo de villa nova que el andan-
do por el mundo a buscar las sciencias filosofales
que ovo de llegar ala çibdad de Babilonia y dize
que ende hallo un moro muy grande filosofo et
hera maestro en medecina enla çibdad et era muy
grande estrologo que sera trabajo por aver conel
conversacion de mucha amistança et esto hazia por
sacar del moro algunos secretos filosofales et estando assi en su amistança dixole con grand diligencia rogandole que por bondad le quisiesse dezir
et enseñar las virtudes que el romero havia y ha
que enfermedades aprovechava: et esso mesmo que
lo enseñasse a sacar el olio de la flor et para que

enfermedades aprovechava. E el moro le respondio
que uno de los grandes secretos de la medecina
quel tenia eran las virtudes del romero et de su
flor. Lo qual sopiesse de çierto que jamas a ninguno havia revelado nin enseñado tales cosas.

Empero pues quel le rogava et con muy grand diligencia de saber los muchos et grandes secretos
encerrados et escondidos delas virtudes del romero: queria saber que el con mucho amor selo queria enseñar et declarar. Lo que nunca hasta oy havia
hecho a criatura ninguna. E esto hazia por un solo
dios en unidad.

Que todas las cosas crio para servidumbre delos hombres et dixole el sobredicho moro que una
delas mas exçellentes cosas delas virtudes que el romero en sy ha: es que la su flor sy fuere puesta en
el mosto cuando sale de las ubas et herviere conella. E si por ventura no hoviere mosto. sea hechada en buen vino puro oliente tinto et hierva hasta
que mengue el tercio. E tome el vino conla flor et
beva dello hasta que sienta en si su salud. E aun
assi mismo sana et cura todas las enfermedades
del dolor del estomago que viene por partes de
frialdad: O por pusamiento de colora. O de mucha fleuma: et sana todo gomito: et aun sana a
todos los que han dolor enla yjada que es de frialdad. o de congelamiento de piedra et purga el estomago et sana a los que tienen colica passio: E la
cura es un estante. E ha se de bever en ayunas.
O en qualquier tiempo segun acaesçiere el acci-
dente. E mas aprovecha alos que pierden el comer.
E el olor de aquel vino conforta el celebro et alegra todos los sentidos del cuerpo et si tiempo fuere que el mosto hallares fazlo hervir conla flor et
demedie el tercio. E para todas estas passiones
suso dichas et enfermedades beva dello assy como

te he dicho del vino et luego sera curado et sano
de qualquier enfermedad de frialdad. o de qualquier humor corriente et fortefica todos los miembros del cuerpo et conserva et conforta propria-
mente la substancia del cuerpo. et haze sostener la
juventud et quien usare a bever aqueste mosto: o
el vino nunca sera corrompido su cuerpo de pos-
temacion. E sy lavare su rostro conel vino o conel
mosto renovara su rostro en juventud. E sy lavare
la boca conello nunca le olera mal et conservarle ha
la dentadura. Assi dientes como muelas. et las en-
zias le seran guardadas et curadas. E mas guaresçe
las fistolas et otras qualesquier plagas. E sy alguno
estoviere enfermo de luengo tiempo et estoviere
muy flaco tome del pan et tuestelo al huego et
metalo enel vino o mosto et acostumbrelo a comer
et dar le ha mucha alegria enel coraçon et esfuer-
ço en todo el cuerpo et en todos los miembros
dibilitados y aqueste vino sea aguado con agua de
luvia cocha conla flor del romero et continuandolos
a bever guaresçe alos tisicos. E este secreto medi-
cinal es provado çiertamente. E mas aprovecha
este vino alos que han fiebres cotidianas et tercia-
nas y quartanas. E vale a otras muchas passiones:
et aprovecha mucho a los que tienen puxo de vientre: y mas deste vino maravilloso que no se puede
hazer fina atriaca sin ello: y aprovecha contra las
viandas venenosas et contra todo venino et ponço-
ña: y aprovecha a los que tiemblan las manos y la
cabeça y aprovecha mucho alas passiones delas
mugeres humidas de complexion y adova la madre:
y aprovecha mucho para concebir y este vino aprovecha mucho a los gotosos beviendolo y lavandose
conello los lugares donde toviere la gota. E sy las
hojas tomare y coziere con mosto blanco et se lavare la cabeça conservarle ha que no se caygan los

cabellos et hazer te ha hermoso rostro. Otrosy toma
la flor del romero et hazla hervir en agua hasta
que mengue la meytad del agua et beve della que ha
donde te sentieres embargado et lleno el estomago
de malos humores. Sepas que cuanto mal tovieres
enel cuerpo de todo seras sano et conservado.

Otra recebta

Otrosy toma la hoja del romero et haz la hervir
en vino blanco que sea noble et lava la cara et las
sienes y sepas que nunca te envejeceras nin se te
arrugaran las arrugas del rostro et quitarse han las
manzillas del rostro et rugas.

Otra recebta

Toma el astil del romero et quemalo hasta que
se haga carbones et muelelos et haz los polvos en
un paño delgado nuevo et frega los dientes conello
et tornarse han blancos et nunca cayra enellos gu-
sano: ni niguijon que come los dientes cahersehan
et no cayra cancer enla boca: ni enfermedad enella
et los dientes et muelas seran firmes et sanos.

Otra recebta

Otrosy toma la flor del romero et sacala et muelela bien et ponla en un paño limpio delgado de
lino et atalo al lado o braço diestro. et andaras muy
alegre. et sano et no ayas miedo del enemigo ma-
lino.

Otra recebta

Otrosy toma la flor del romero et con pan de centeno comela ansi en ayunas et todas las enfermedades de tu cuerpo seran sanas. Assi de hombre como de muger. E sy las usares a comer nunca seras enfermo. Ni la muger sera enferma dela madre.

Otra recebta

Para estar siempre sano: usate bañar conel agua del romero que sea bien colorada et bañate todo el cuerpo: et suda dentro enel baño, et assy lo usaras tres vezes en el mes: o dos alomenos: et syempre seras sano: et seras renovado como el aguila.

Otra recepta

Otrosy usaras sahumar tu camara o palacio con el romero sepas que fuyran las culebras et salamanquesas et todas las malas cosas questan a la umidad et faze sana la casa.

Otra recebta

Toma la corteza del romero et ponlo sobrel borrajo et ataviate la cabeça et rescibe el humo por las narices quando estes arromadizado et luego purgaras la cabeça. et seras sano.

Otra recebta

Para el vino que no sea azedo nin aya mal sabor. Toma la flor del romero ponla dentro enla tinaja et conservalo: E esto sea quando se trassiega.

Otra recebta

Asy que puesta la flor del Romero entre la ropa nunca polilla la comera ni se gastara.

Otra recebta

Sy alguna persona se tossiere que sea de frialdad: o por sudor que le de ayre tome las hojas del romero et pongalas enel agua fasta que mengue el tercio: et haganle baño con ella et sude conel et guarde bien el sudor et uselo por algunos dias et sera guarido.

Otra recebta

Muchas virtudes ay enel Romero et en su flor que aqui no te las digo. Mas creed señor que si alos niños bañaren conel agua bien cocha sepas que seran bien criados muy limpios sin sarna: ni algunos otros accidentes que vienen por parte de mal regimiento delas madres et dela mala ordenança en que los crian por deshordenada leche.

Reçepta real para purgar la fleuma ma.et colera et otros humores

Muy real reçepta para purgar la fleuma et la colera et los otros humores sobrepujantes de que hazen enfermedad al cuerpo humano et el dia que purgare: coma de buena gallina que sea aguisada sin espeçia. Salvo sy fuere canela y açafran enla salsa: et la canela sea hechada enel caldo conlas sopas.

Toma hermodatiles mondados de dentro y de fuera et media onça de Turbit mondado de dentro y de fuera. Yten una onça de dragant: et medio adarme de almastiga de peso de diez granos de trigo y de agengibre blanco peso de veynte granos de trigo de açucar blanco peso de siete adarmes. Todo sea molido et cernido et sea todo mezclado en uno: et toma deste polvo: peso de una blanca et ponla en un poco de vino blanco et asy lo tomaras ala ora delos maytines et no duermas sobrello.

Recepta para sanar los potrosos o quebrados

Deves tomar las hojas del romero et ponla massa dellas a escalentar et assy emplasto fecho ponlo enla quebradura. Por nueve dias et luego seras sano et suelda la quebradura. Para esto mismo toma los pelos de la liebre confacionados conla miel. et hazlos pildoras et dalos a comer. et sabe que muy ayna consuelda. E dixo el dicho moro que sy el dicho romero de su hoja echares enel vino tinto et sacares agua ardiente que sea fina cura toda fleuma: et toda sarna. E lavando conella el cancer curalo. E la fistola maravillosamente.

Recebta para sanar las quebraduras

Assy toma pesso de una ochava de piedra y mas y sea bien molida: y toma peso de un tomin de limaduras de Azero: y confacionalo en uno y dalo a bever con una poca de miel al que esta enfermo por espacio de treyntadias: et luego haras emplasto para que le pongas en la quebradura en aquesta manera. Toma una parte de sangre de Drago: E

otra de almastiga et otra parte de encienso macho
et otra parte de pez griega: et todo esto sea muy
bien molido cada uno sobre sy: et desque sean bien
molidos todos aquestos materiales et sean todos
muy bien encorporados en uno. et aun sean todos
ellos hechos pesos yguales tanto de uno como de
otro. et assy que deves de hazer de todo lo sobre
dicho emplasto en una caçuela enel huego: et haz
emplasto et ponlo enla quebradura et sea renovado de diez en diez dias hasta treynta dias et sera
sano el paciente.

Yten para esta enfermedad de los quebrados
toma la rayz de una yerva que se llama brusco. et
muelela bien et çernida et dala a bever al quebra-
do dos vezes cada dia en un huebo y este quinze
dias enla cama que no se levante et luego sera sano.

Deo gratias.

APÉNDICE II

*Una traducción castellana inédita
del «Lumen Luminum»*

Nota preliminar

En la Biblioteca Nacional de Madrid existe, en
el Manuscrito 7443, pp. 78r-81v, una traducción
castellana del *Lumen Luminum*, opúsculo de contenido alquímico atribuido, por una nota al mar-
gen del título, a Arnaldo de Vilanova. Se trata de
un códice del siglo XVI, escrito por diferentes co-
pistas, y contiene una colección de escritos alquímicos. No tenemos noticia de que haya sido objeto
de un estudio especial y creemos por ello que puede ser de interés transcribir el texto atribuido a
Arnaldo, aunque dudamos mucho de su autenticidad. En el Manuscrito latino núm. 17.162 de la Biblioteca Nacional de París se encuentra un tratado
De origine metallorum, atribuido con muchas dudas
a Arnaldo, que lleva esta suscripción: *Qui fecit
hunc librum, fecit lumen luminum.* El problema
se complica si tenemos en cuenta que se conocen
del mismo título obras atribuidas a Geber, a Razes,
etcétera, y que no hemos podido encontrar en las
antologías más divulgadas de la literatura alquímica ningún texto latino que corresponda exactamente a esta traducción. De todas formas, su publicación puede ser interesante, por una parte, para

el estudio de la literatura alquímica española, y, por otra parte, como testimonio del renacimiento de los estudios arnaldianos en la España del siglo XVI, en la que el prestigio de nuestro autor seguía vigente.

Hemos trabajado sobre el códice mismo, intentando *una fiel transcripción*, sin corregir sus numerosas y evidentes particularidades ortográficas, que pueden ser de interés para la historia de la lengua en cuanto que reflejan una pronunciación y una normativa gramatical diferente de las regularizaciones luego generalizadas. El resultado es un texto difícil, pero legible para el lector atento.

DECLARACION CIERTA Y TODA VERDAD DE LAS CUATRO PALABRAS DE LOS PHILOSOPHOS ANTIGUOS Y DICHOS DE ELLOS ESCRITAS EN FIGURAS Y ENIMAS ÇELADAS

La primera palabra commun de todos ellos es en la produçion del ar. vi. esto es lo que los philosophos dixeron soluçion que es el fundamento del arte donde dize el philosopho Reensenio silos cuerpos no solvieres en bano trabajas dela qual soluçion tratando, Permenides philosopho enel libro de la turba dize que algunos oyentes piensan ser su cuerpo conel qual es conjunto y son fechos una cosa permanesciente y non puede ser pues siguese que la solucion no es en bibimiento de agua, mas conbersion de cuerpos en agua. Dela qual primera mente fueron criados, conviene a saver en ar. vi. asi como el ielo se convierte en agua liquida dela qual fue primero criado. Cata aqui como por la graçia de dios ya tienes un elemento el qual es agua y la reduçion del cuerpo es la primera materia.

La segunda palabra es que sea tierra i esto es lo que los philosophos dixeron que de la grosedad del agua sea quebrantada la tierra y asi tienes el otro elemento que es tierra.

La tercera palabra es el alimpiamiento de la tierra del qual alimpiamiento dize el philosopho morieno esta tierra con su agua podreze y se limpia la qual desque fuere limpiada conel ayuda de Dios todo el magisterio sera enderezado. Otrosi el philosopho dize en el libro de la turba aiunta lo secco conlo humido. Lo secco es la tierra lo humido es el agua, cata do tienes la tierra y el agua por si y la tierra enblanqueçida conel agua.

La quarta palabra es el agua que pudieres baporar sublimala enla qual sublimaçion o subimiento se faze esta agua aerea en como primera mente fuese espesada y quajada luego ya tienes la tierra y el agua y el aire y esto es lo que dixo el philosopho en el libro de la turba sabed sublimar lo enblanquecido con fuego asta que dello salga el spiritu que en ello fallaredes el qual es dicho aire humido y la tierra quede calzinada y quajada en el fondo la qual es de natura de fuego. cata ai do tienes en las proposiçiones sobredichas quatro elementos y esta es la tierra calzinada la qual es polvo del qual trata morieno y dize la çeniza que es enel fondo no la menos preçies la qual esta enel mas vajo lugar y es corona de tu corazon y tu cosa permanesçiente. Despues con la sobredicha agua el fermento es aiuntado al qual fermento llaman los filosophos anima y esto porque asi como el cuerpo humano sin anima no bale nada ante es asi como tierra asi el cuerpo no limpio sin fermento no bale cosa alguna sin su anima por que el fermento al cuerpo preparado asi como es dicho conbierte en su natura y no es otro fermento sino sol y luna estas palabras

apropriadas porque asi como el sol y la luna se enseñorean en todos los otros planetas asi estos cuerpos se enseñorean en todos los otros y conviertenlos
en su naturaleza y por ende son dichos fermento
y conviene ser introducidos medianero el cuerpo el
qual fermento es su anima, esto es lo que dixo morieno si el cuerpo no limpio no alimpiares y lo en-
blanqueçieres y el anima no mezclares non endere-
zaste cosa alguna eneste magisterio pues que asi
sea fecho mezclamiento del fermento conel cuerpo.
alimpiado entonzes el spiritu conellos se mezclara
y se aiuntara por que ya son alterados de su natura gruesa y son echos subtiles y esto es lo que dixo
escano en el libro de la turba, el spiritu non aiunta
conlos cuerpos asta que de sus suciedades perfecta mente sean limpiados y enla ora deste mezclamiento muy muchas marabillas aparesçen por que
todos los colores del mundo aparesçen quantos
se pueden pensar y el cuerpo inperfecto se colora
de coloraçion firme mediante el fermento el qual
fermento es anima y el spiritu mediante el anima
conel cuerpo se ayunta y se ata de consuno conel
yla color del fermento se convierte y se haze una
cosa conellos y delas cosas sobredichas aparesce
sotil mente a qualquier a catante los philosophos
aber dicho verdad ensus palabras escuras. Y dizen
que la nuestra piedra es de quatro elementos y a
los elementos la compararon y dizen verdad porque
despues que es combertida estan enella los quatro
elementos y dixeron que la nuestra piedra es de
cuerpo y de anima y de spiritu y dixeron verdad
porque el cuerpo inperfeto comparan al cuerpo
que es enfermo y el agua dixeron spiritu y verdadera mente es spiritu, al fermento dixeron anima
porque asi como dicho es al cuerpo inperfecto da
vida la qual primera mente no tenia y en mejor

forma la torna. Otros philosophos dixeron sialos
cuerpos corporeos no convertidos in corporeos y
los in corporeos corporeos non fallastes la obra del
obrar y dizen verdad porque primera mente el cuerpo se haze agua conviene asaber ar. vi. despues
enel mezclamiento del spiritu el agua se haze cuerpo. Otros dixeron convierte las naturas y fallaras
lo que quisieres y dixeron verdad porque el magisterio nuestro primera mente facemos delo grueso
graçile que es tanto como el cuerpo agua y despues
lo humido secco que es tanto como del agua tierra
y asi convertimos las naturalezas y facemos delo
corporal spiritual y delo spiritual corporal asi como
es dicho y facemos alo que esta ençima este ayuso
que estanto como al spiritu cuerpo y al cuerpo spiritu, asi como enel comienzo de nuestra obra conviene asaber en la solucion quelo que esta ençima
es como lo que esta aiuso y todo se conbierte en
tierra. pues demuestrase de las razones dichas de-
suso que la nuestra piedra es de quatro elementos
y es anima cuerpo y spiritu. Y otros dizen que la
nuestra piedra se haze de una cosa y con una cosa
y dicen verdad çierta mente porque todo nuestro
magisterio se haze con la nuestra agua y della porque ella suelve los cuerpos asi como es dicho no
por soluçion asi como quieren los ignorantes que
se convierta en agua de nuve mas por solucion verdadera de philosophia que se convierta en agua
dela qual fueron abinicio esta dicha agua calcina
los cuerpos dichos yen tierra los reduze y los trans-
forma en ceniza *entra*los en blanquezelos y limpia-
los. cadelas palabras de morieno el qual dize que
azogue enel fuego en blanqueze el laton y limpialo
y de todo entodo echa dellas sus escuridades y el
laton se entiende por cuerpo no limpio y el azogue
por Ar. Vi. ylos cuerpos diversos aparejados por la

manera suso dicha ayunta por tal mezclamiento que
la potencia del fuego ni otra tentaçion no los pueda
apartar y del quemamiento del fuego los defiende
y el uno dello mete enel otro, sublima los cuerpos
mas no por sublimacion bulgar porque entienden
los ydiotas creientes queel sublimar sea subir arriba
y por ende toman los cuerpos calçinados y mezclan-
los conlos spiritus sublimados conviene asaber ar-
senico y mercurio y sufre y armonio que o facelos
por fuego fuerte o sublimanlos porque los cuerpos
subiesen conlos spiritus y diçen que entonzes los
cuerpos son subtilizados y ansi son escarneçidos
porque los fallaron más sucios que eran de ante ∴
no es nuestro sublimar subir a Riba mas el sublimar delos philosophos es facer dela cosa bana y
corrupta otra grande y pura asi como dezimos este
hombre es sublimado que estanco como en dinidad
puesto y ansi dezimos este cuerpo esta sublimado
que estanto como sutilizado y convertido en otra
natura donde sublimar tanto es como subtilizar,
lo qual todo façe nuestra agua y ansi se entiende
nuestra sublimaçion que muchos enesto son enga-
ñados y el agua mortifica y bivifica y faze apare-
zer color negro en la mortificaçion mientra mien-
trase convierte entierra y despues aparezen muchas colores y bariados antes de la blancura y el
mezclamiento del agua y del cuerpo preparado y del
fermento infinitos colores aparezen tantos quantos
nose pueden pensar y otrosi llaman arambre asi
como dixo esmidio enel libro dela turba onde dize
sabed todos los que demandais esta sciençia que
non se fara ni sera verdadera sino de arambre y infinitos nombres le pusieron porque no fuese sabida
delos neçios y de qualquier manera la llamaron
mas empero una cosa es çierta de todos y morieno
dixo queel facimiento de nuestra obra es semeja-

ble enla orden al criamiento del hombre y lo primero es llamado yaçimiento % lo segundo con-
ception — y lo tercero enpreñamiento / y lo quar-
to nacimiento y sigues enel quinto el criamiento /
estas palabras te fare entender y sabe que la nuestra esperma es ar. Vi. el qual es ante aiuntado con
la tierra del cuerpo imperfecto / la qual tierra es
dicha madre porque la tierra es madre de todos
los elementos y entonzes es llamado yacimiento y
desque la tierra comienza algun poco a retener consigo del ar. Vi. entonçes es dicha conçepçion y entonzes yaze el macho conla embra que estanto
como el ar. Vi. en la tierra — esto es lo que los philosophos dixeron que nuestro magisterio no es otro
sino macho y embra y la conjunçion dellos, el agua
enseñorease conviene a saber el ar. Vi. y la tierra
creçe y multiplicase y acreçientase lo qual biene
quando la tierra es enblanqueçida y entonzes es
llamada enpreñante porque ya la tierra es enpre-
nada — despues el fermento se junta conel cuerpo
enfermo preparado asi como es dicho fasta que
sean fechos una cosa por color y por acatamiento
y entonzes es fecho naçimiento y entonzes es na-
çida nuestra piedra. Y los philosophos dizen naci-
do es el nuestro Rei onde dice el philosopho enel
libro dela turba onrrad al Vuestro Rei que viene
de fuego coronado con corona alimentadlo y alum-
bradlo. fasta que benga a edad perfeta del padre
El qual es el sol y la madre la luna Sol entenderas
por cuerpo perfecto y la luna por cuerpo inperfeto % siguese enlo postrero el criamiento fasta
que sea acrecentada por gran acreçentamiento y
criarse a con su leche conviene a saber con su esperma dela qual fue abinicio % pues en bebele su
ar. Vi. muchas vezes y muchas vezes hasta que beba
lo que le abasta.

Por estas cosas que son dichas puedes entender las palabras escuras delos philosophos y conoçeras todos convenir en una cosa y no ay otro magisterio salvo este que he dicho.

Un texto dietético tradicionalmente atribuido a Arnaldo

Uno de los libros más frecuentemente impresos bajo el nombre de Arnaldo de Vilanova es un *Régimen de Sanidad, en que se contiene en qué manera conviene usar del comer y beber y del ejercicio y del dormir, etc.* Hemos visto ediciones de 1524 (Burgos), 1602 (Alcalá), 1655 (Sevilla), 1727 (Pamplona), y otra sin fecha realizada por Pedro Escuder en Barcelona. Existen al parecer más, entre ellas una edición sevillana de 1526. Este texto, que tanta popularidad alcanzó, contribuyó mucho a configurar la imagen que la posteridad se formó de Arnaldo. Su autenticidad, como casi la de todos sus tratados dietéticos, ha sido puesta en duda [1], pero los argumentos aducidos dependen casi siempre de una concepción apriorística de la evolución de la escuela salernitana y de la significación que tuvieron en ella los diferentes autores [2]. En el caso concreto de este *Régimen de Sanidad*, que en las ediciones suele ir precedido del *Tesoro de los Pobres*, de Pedro Hispano, no debe olvidarse el hecho de que contiene muchas observaciones dietéticas que se encuentran también en otros tratados atribuidos a nuestro autor. Hasta que se realicen los estudios históricos y filológicos necesarios para pronunciarse sobre este punto, parece prudente dejar abierta la cuestión, y ofrecer al lector el texto para que pueda formarse una opinión propia. Para ello hemos tomado como base la edición de Pedro Escuder[3], que contiene ligeras variantes —generalmente mejoras— respecto a las anteriores, y sólo ocasionalmente corregimos algunos errores de impresión o aceptamos la lectura de la edición burgalesa de 1524[4], base de todas las posteriores, pero de suyo tan descuidada que no es posible reproducir sin más sus incoherencias léxicas y ortográficas.

REGIMEN DE SANIDAD

Hecho por Arnaldo de Villanueva, en que se contiene, en qué manera conviene usar del comer, beber, del exercicio y del dormir: en que hay dos partes.

CAPITULO I

Del manjar que los hombres sanos acostumbran à comer

Toda vianda, que los hombres acostumbran a comer, es buena à los que están en fama de sanos, quando no halla en el cuerpo mala disposición, quando es tomada en cantidad conveniblemente, comiendo quanto manda el cuerpo para ser mantenido segun su costumbre, segun el trabajo corporal que hace; y el comer por la delectación, mas que por el mantenimiento, no es provechoso: y quando no huviere apetito, que espere mas de lo que suele. Y antes del comer conviene hacer exercicio, trabajando todo, ó la mayor parte aquel dia.

Y el exercicio antes de comer conviene á cada uno
segun su estado, ó costumbre de pié, ó cavalgando,
y que sea hasta que el aliento se apresure, y sean
el cuerpo, y los miembros calentados, y quien pudiese siempre atender el comer, hasta ver el apetito verdadero, este tal seria fuera de la jurisdicion
de la medicina. Encima de comer escuse quanto pudiere todo exercicio, y trabajo, y el uso de las mugeres, y esto de tarde, quanto, ó mas tiempo pudieres, y despues de comer loado para guarda, y lo razonable es á lo menos dos horas, y como el exercicio
antes de comer es loado para guarda de la salud,
asi despues de comer es desloado, y engendrador
de muchas enfermedades.

CAPITULO II

De la mala usansa de comer

De las peores usanzas de la vianda, es usar en
comer muchas viandas diversas, puesto que todas
sean carnes, ó todas pescados, y mayormente si son
contrarias en sus calidades. Asi como carnes, ó pescados, y cosas de leche, ó queso. Y eso mismo es
dañoso comiendo primero la vianda espesa, y dura
antes que la delgada y sutil; y lo mas convenible
es comer de una vianda abasto en cada comer, sea
cocido, ó asado. Asi como carne cocida, asada, y
adobada, de cabrito ó de gallinas, y otras viandas
adobadas, cada una para un comer de dos, ó tres
guisados. Y cada vianda, que cada uno mucho la
quisiere naturalmente, esta es la menos nocible en
mayor parte; salvo si es mucho dañosa, y contra
toda razon: asi como toda manera de los hongos,
y geras, que son peligrosa vianda, que por la gran

duda que en ella está, todo hombre los debe escusar, que son llamados veneno deleytoso, y el que fuere templado y discreto en estas, será escusado de escoger viandas; y à los que son recios, al contrario de estos dichos, que para ellos toda vianda es buena. Por la qual, una cosa es aborrecer unas viandas por malas, y otras en loar en toda manera por buenas: y muchos son los que por esto escusan algunas viandas, diciendo, que engendran gota; y otras semejantes enfermedades, las quales viandas muchos las usan largo tiempo, y nunca les hizo daño, ni parte de ella, y otros muchos usaron viandas bien ciertas, porque han fama que hacen ciertos bienes, los quales bienes, y provechos nunca le vinieron con ellas. Y por esta manera otros muchos amonestamientos, y amedrentamientos, que muchos Medicos hacen, que se hallan no ser verdad, por no ser las cosas, ni la disposición de ellas, ni de los cuerpos que ellos juzgan.

CAPITULO III

De las viandas que son buenas para comer

Viandas hay que son mas loadas en medicina, y algunos hombres las hallan dañosas: asi como el cabrito, y pollos, huevos, y semejantes, y otras hay desloadas, y hallanse otros hombres muy sanos con estas, asi como baca, pescado, caza, y huevos duros; por esto conviene á todos seguir lo que mas le place á la natura de aquella complexion sin lugar que provea, y sabe qual es mejor para él, y lo que mas le cumple, y use por esta manera, y á los que usan de qualesquier viandas, que estén delgadas, ó espesas, y hallen enpacho con el comer, bien serán regidos quando dexaren la cena siguiente: y si en mas comer hallaren en èl enpacho, dexen mas cenas. Y en ninguna manera no crea, que por comer una vez al dia pueda recibir daño, ó sea mas flaco, ó por poco comer, ó beber todo este dia con su noche, y quando la vianda le hace azeda, y se buelca en el estomago, bien es de hacer de ella vomito luego de presente, y no coma hasta otro dia. Al que esto muchas veces le aconteciere, convienele apocar el beber, asi de vino, como de agua, y caldo, que esto solo hace mas que el comer, luego será curado, y si mucho tiempo está ese dia haciendo el dicho regimen, despues use comer algunas veces tres sopas en agua, que comiense comer la vianda, y no se maraville ninguno de esto hasta que lo haya probado.

CAPITULO IV

De las viandas que son muy recias para comer

Las viandas de mas recio mantenimiento, y que conviene á los hombres recios, y las que hacen mayor hinchamiento, ó replesion, son todas las carnes. Y lo asado mantiene, y esfuerza mas que lo cocido, puesto que es mas duro de digerir, y los mayores son cabrito, ternera, carnero, y el linage de las gallinas, y perdizes, y las otras carnes de buena fama: estas pertenecen á los delicados. Para los que trabajan corporalmente, conviene baca, puerco, caza, y las otras carnes que han fama, que engendran humores gruesos. Y toda la carne conviene ser muy cortada, y mucho mascada, si el hombre quiere que se haga mejor digestion, y mas ligeramente, y esto conviene mas á los delicados, y

á los holgados, en qualesquier carnes que coman,
y las carnes saladas son de peor mantenimiento,
que las frescas, y la vianda asada, sea carne, ó pescado, no la deben de cubrir luego que la saquen
del fuego, que es muy desloada, y dañosa, antes
conviene dexar salir los bahos de ella. Y de lo cocido eso mismo debes hacer, pero mucho mas dañoso es de lo asado.

CAPITULO V

De las mejores carnes, y mas sanas para comer

Las mejores carnes dicen que son el carnero, el
cabrito, becerros, ó becerras, y los machos mejores
que las hembras, y las nuevas mejores que las vie-
jas, y la mitad derecha mejor que la izquierda; y
las mejores de las aves son las gallinas, y su linage,
y despues las perdizes. La baca es mala para cualquier enfermedad, y todas las carnes muy espesas,
duras, y montesinas. El puerco, y el tocino es bueno para los que mucho trabajan, y son sanos, los
holgados no deben usar mucho de ello.

CAPITULO VI

De las viandas de mucho mantenimiento

Todas las viandas que mantienen mucho la poca
cantidad de ellas, y hacen poco hinchamiento, es el
zumo de la carne asada, y la yema de los huevos
frescos, la leche de cabra, y los huevos de las gallinas, que estos son los mejores de todas las aves;
y los huevos son muy mala vianda para qualquiera

que tienen cesiones, qualesquier calenturas, tanto,
que se les torna las cesiones, por esto no los deben
comer en diez, o quinze dias despues de quitadas
del todo las cesiones.

CAPITULO VII

Del queso, y de la leche, y lo que de ello se hace

El queso y la leche, y lo que de ello se hace son
viandas mucho pesadas, y desconvenibles à los delicados, à los holgados, y à los que padecen qualesquier enfermedades, salvo la leche de cabra, sue-
ro, y la manteca que conviene para la medicina; y
la leche de cabra: es buena, y fresca para hacer
flujo de vientre, y cocida con yerva buena es para
restriñir, y la leche es buena vianda para los hombres desecados, y mucho cansados; y quien la bebe
no debe beber con ella vino, ni comer en aquel comer carne, y es dañosa para los que tienen mal del
bazo, y de el higado; y à los malos de flema; la leche de ovejas es la peor, y las hortalizas todas son
de poco mantenimiento la mucha cantidad de ellas,
quien come especialmente las berzas, azelgas, y es-
pinacas con intención que aflojen el vientre, debe-
las comer muy cocidas, y coman el caldo mayormente si las cuecen en dos aguas; y por esto retie-
nen mas las berzas, berengenas, y las lentejas; y las
azeytunas son avidas por melancolicas. Las lechugas, borrajas, cerrajas, y calabazas han fama que
amanzan, el agudeza, el escalentamiento de colera,
y de sangre, y acrecienta la flema. Las cebollas, los
puerros son de menos daño, cocidos con las carnes, que no crudos. Los ajos convienen à los que
trabajan, y à los que sienten mucha flema en el

estomago; y à los que tienen poco apetito de comer, convieneles en las salsas el peregil, y la yerva buena, que son mas convenibles en salsas, que cocidos con la carne, mayormente à los que sienten alguna cosa en el higado, ó en el bazo.

CAPITULO VIII

De la virtud de la cebolla

La cebolla blanca cortada, y lavada con agua, y puesta con ella el vinagre, y el oregano, conviene à gastar el hinchamiento de la vianda, y aviva el apetito del comer à los que lo tienen embargado: y el oregano, y la yerva buena, es muy bueno comerlo en ayunas para las lombrices, y el oregano es bueno para la flema del estomago, y aguza la vista, el oir, hace bien à la cabeza, ayuda à la digestion, hace calor al rostro.

CAPITULO IX

De las frutas verdes, y de su propriedad

Quando usan muchos de las frutas verdes, han fama que engendran mucho podrimento, de donde se hacen las fiebres, ó cesiones, y las mejores frutas son manzanas, peras de buen olor, membrillos, granadas dulces muy bien sazonadas: todas estas para encima de un comer, y ubas delgadas. De tronchos, melones, moras, guindas para el comienzo del comer, à los que han sed, y tienen por liente sus estomagos; y à los que han mucho trabajo en ese tal tiempo, una destas à cada comer: y los

higos muy verdes, y secos, y los datiles no convienen para los mozos, y son frutas de viejos para
antes de comer, y de los muchos estriñidos, y son
de escusar à los que sienten alguna ocupacion en
el bazo, y en el higado, y son de calientes comple-
xiones, o levantadas de muchas enfermedades.

CAPITULO X

De las frutas

Han fama las frutas secas que hacen mucho daño
en los estomagos, usando mucho de ellas. Las mejores son las pasas, almendras dulces, alhostigos, y
para el dia de pescado las nueces, y sean pocas,
mayormente encima del comer, y para cualquier
decendimiento son malas, y apegan la lengua para
hablar, y hacen mal de garganta. Dicen por ellas,
que tres de ellas con tres higos secos, y una poca
de ruda en cada uno, que aprovechan mucho para
antes de comer, y despues de comer para la pon-
soña.

CAPITULO XI

De las legunbres

De las legumbres, las mejores son los garvan-
zos, y el bien que hace el arróz, es que mantiene
muchos; y el bien que hacen las habas secas, cocidas con carne, ó con azeyte, es que ablandan los
pechos, y dicen que serán seguros los hombres que
las comieren de no haber dolor de costado, y dicen

por ellas que hacen olvidanza. Y eso mismo dicen
por las manzanas, usandolas mucho de continuo.

CAPITULO XII

De los daños, y provechos de comer, y beber

De los provechos, y daños, allende de lo que dicho
es, que hacen las dichas viandas, frutas, y de las
otras que son dichas, será escrito adelante cada
una en su enfermedad de ellas, en que hacen provecho, ó daño. Conviene no beber agua en ayunas,
ni en acabando de dormir, ni luego encima del comer hasta que sea decendida la vianda. Y entonces
debe ser mucho el beber del agua, y no conviene
agua en ayunas, ni encima del comer, salvo à los
que tienen muy grande encendimiento en el estomago, y han estado embriagados de beber mucho
vino la noche antes: y si la sed se pudiere quitar
con granadas agrias, y con melos, ó con cerrajas,
ó con vinagre en ayunas, mejor es que no de agua:
y si alguna huviere de ser antes de comer, ó despues, conviene, que no sea mentirosa la sed. Esto
se conocerá sufriendo un poco la sed, y si siempre
crece, es verdadera, y entonces conviene beber, y
si esperando mengua, es mentirosa la sed.

CAPITULO XIII

Del agua, y del vino, que tal ha de ser

Es la mejor de las aguas la corriente descubierta
al Sol, y al Cierzo, y la que no tiene olor, color, ni
sabor alguno. Los vinos quales son buenos, y como

se debe usar de estos, son tantos Doctores, y discipulos en todas las partes de la tierra (por donde es escusado de tratar de ello) que no se podria revocar, ni menguar mucho el vino. Y mas inconvenientes puede traer lo poco aguado, que lo mucho aguado. De los que no beben sino à su comer, usan de sanidad, y de temperanza. Y los vinos blancos, son para provocar mucho à orina, que es conveniente purgacion.

CAPITULO XIV

De la sal

No debe usar de la sal, mas en quanto conviene el cocer de las viandas, y con lo asado, y en las viandas quanto de ella comieren menos, tanto es mejor. De las especies agudas, las mejores son canela, azafrán, y muy poco de gengipre, y cominos, y alcaravea, y oregano, en los manjares donde cada uno conviene, y la peor es la pimienta.

CAPITULO XV

En que tiempo debe el hombre dormir

El dormir sea luego despues de comer, y muy poco, y despues de la cena, debe esperar à lo menos una hora, y si mas pudiere, será mas provechoso, estando levantado, ò paseando, ò quedo, si es tal hombre que le conviene. Y el dormir de dia, ò de noche en lugar humedo, ò cerca del suelo llano es muy dañoso à sanos, y à enfermos. Y lo mejor acerca del que tiene su morada, y su dormir donde tenga las puertas, ò ventanas ázia el Cierzo, y no à las otras partes, y debe guardar el hombre quando duerme que no le de ayre por ventana, ò por resquicio en la cabeza, que es mas dañoso que dormir descubierto del todo. Y en las casas, y lugares humedos conviene mucho el sahumar convertatum, que es el mejor, con salvia, y tamillos, y es provechoso el cantueso, y quemarlo à menudo, y quitará mucho el daño de la humedad. Y muchos daños nacen del morar en lugar humedo.

Los hombres sanos, y los otros que acostumbran negociar todo el dia, y no duermen, comen entre dia muy poco para beber una vez, y despues en la noche comen à hartar, acuestanse luego, y duermen bien, y profundo sueño, estos viven acerca de lo que dicta la razon natural, porque se hartan al tiempo que será el sueño largo, y profundo, el qual sueño largo hace cumplida disgestion en la vianda; y estos dexan del comer, lo que los otros dexan de la cena, y en tiempo mas conveniente de dexar, y comer vianda.

SEGUNDA PARTE

Del regimen de sanidad, de los vasos, y adminis-traciones del cuerpo, y en los quatro tiempos del año, y el regimen en el tiempo de peste

Todo lo usado, y acostumbrado que el hombre tiene de largo tiempo en todas las cosas de vida corporal que hace, no cumple al cuerpo para ser contra ellas, salvo quando son muy dañosas, y contra razon, y entonces no debe ir contra ella del todo subitamente, salvo de grado en grado, poco en poco, hasta llegar al medio convenible.

El lienzo de lino es mucho amigable à la carne del cuerpo humano para vestir, y para en que dormir, y mas que ninguna de las otras cosas blandas de sitio, y de algodon, y de las otras cosas semejantes, y lo mas delgado conviene à la carne en tiempo frio, porque calienta mas; y lo mas grueso conviene en tiempo caliente, porque tiene mas templado el cuerpo.

Los hombres delicados, delgados ò gruesos, tienen fama de flematicos ò melancolicos, y los que no tienen avivado el apetito de comer, y de los frios de complexion, y los viejos, los que no hacen exercicio, convieneles no cenar: y quando quieran entrar en la cama fregar el estomago para hacer camara, y à la mañana antes que salga de la cama fregar los miembros con un paño, y no sea muy delgado, doblado, y hecho como pella, y rayganle mansamente por las espaldas de alto à bajo, y à los brazos, y las piernas por esta misma manera, tanto que se calienten los miembros, y tanto que buenamente le puedan sufrir los miembros, él mismo se friegue de alto para bajo la boca de su estomago, hasta que lo escaliente. Y esto es de manifiesto provecho en regimen de la salud de estos.

Todos los que quisieren desechar algo del cuerpo, no deben detenerlo, forzandolo con voluntad, que en otra manera pueden recrecer grandes daños, asi como el hombre que quiere hacer vomito antes que haya comido, ó despues, ò quiere hacer camara, ú orina, ò semejantes cosas, no lo debe tardar en ninguna manera.

Conviene usar el peynar de la cabeza por la mañana, ò en la noche antes de cenar una vez en el mes, à lo menos lavar las piernas con agua caliente, raer las suelas de los pies, y sea antes de cenar, quando el estomago esté vacío de la vianda, y conviene cada mañana lavar la boca con agua fria, y esto mesmo despues de qualquier dormir, y lavarla con vino ó con agua encima de todo comer, porque quede limpia de toda la vianda.

Conviene à todo hombre guardar de las enfermedades que tienen fama que se pueden pegar de los que tienen los sanos quando están cerca de ellos, ò duermen con ellos, ò están con uno en casa angosta, que son lepra, sarna, y tisica, y escupen con ella cosas de mal olor, y las fiebres de la pestilencia, y de las viruelas, y sarampiones. Y la grande vermejera del mal de los ojos, que se pueden pegar mirando en ellos, las llagas feas, y de mal olor; y finalmente todas las enfermedades que huelan mal.

El regimen de los hombres en el mudamiento de los quatro tiempos del año

Conviene en el Verano, mayormente saliendo de la Quaresma, amenguar quanto pudieren la hartura de las carnes, de la leche, y del queso; y bien será de no cenar carne, ó poca: y el que quisiere cosa de leche, ò de queso fresco, comalo con miel, y no enbuelva con ella otra vianda, salvo yerva buena con ello, y encima de ello lechugas con miel, y vinagre; y para este tiempo es convenible esta compostura de miel, y vinagre con los huevos, y en salsas, con viandas, y saliendo de la Quaresma, y en lo mas del Verano se debe escusar el gran cansancio, y los otros grandes trabajos corporales.

El comer es mas dañoso, y mas peligroso del año en el Verano, en el qual conviene tener mayor guarda, escusando mucho las frutas quanto pudieren; y las que comieren sean con el pan, y no esté al Sol, quando el dia es muy caloroso, y cubran la cabeza de noche con el lienzo, guardense mucho del frio de las mañanas, y de beber el agua muy fria. Este es el tiempo mas dañoso del uso de las mugeres, y el tiempo que menos conviene hacer vomito, ni bañarse en agua fria, ni sufrir mucho la sed, ni la hambre, ni hinchar mucho el estomago de comer, y beber; y en la mayor parte su regimen debe ser de manera, como es el Estio, hasta que llueva, que las lluvias enderezan gran parte del mal de el Otoño. Este tiempo, por la malicia de su complexion, consiente menos los yerros de su regimen, que los otros tiempos.

El Invierno es contrario, que entonces los yelos pasan siempre muy presto, salvo quando el yelo es muy grande, de manera, que conviene andar vestido comunmente apretado el cuerpo, por manera que no se resfrie tanto, que le cause desordenar el estomago para haber camaras; y si alguno se hallare en este tiempo en camino de grandes nieves, ò yelos, y se amortece, ò se mortifica algun miembro, convienele fregar con paños calientes mansamente, y à fuego manso, y denle sopa en vino con canela, y gengibre, tome zumo de carne asada, yemas de huevos, y tenga quanto pudiere el agua caliente en que haya cocido salvia, malvavisco, tomillo, ò qualquiera de ello; y despues untenle con azeyte de azucenas, ò de eneldo, ò de manzanilla, ò qualquiera de ellos, y duerma quanto pudiere, y huela buenos olores de los que hubiere, de cosas calientes.

Los que son mucho cansados de camino, ò de otro trabajo grande corporal, convieneles lavar las piernas, y los brazos con agua caliente, en que hayan cocido manzanilla, malvaviscos, eneldo, ò qualquiera de estos, y luego duerma; y si mas fuere menester, unte los lugares del dolor, y mayormente las coyunturas con azeyte de eneldo, ò de manzanilla, y esto cumple para el regimen de sanidad.